Llewellyn Vaughan-Lee

Das Herzensgebet

Llewellyn Vaughan-Lee

Das Herzensgebet

Der direkte Weg ins göttliche Mysterium

Übersetzt von Sabine Reinhardt-Jost

Arbor Verlag
Freiburg im Breisgau

Die Originalausgabe erschien unter dem Titel:
The Prayer of the Heart in Christian & Sufi Mysticism

2. Auflage 2020
Titelfoto: © 2013 plainpicture/Eva Z. Genthe
Druck und Bindung: Kösel, Krugzell
Hergestellt von mediengenossen.de

Dieses Buch wurde auf 100 % Altpapier gedruckt und ist alterungsbeständig.
Weitere Informationen über unser Umweltengagement finden Sie unter
www.arbor-verlag.de/umwelt.

www.arbor-verlag.de

ISBN 978-3-86781-329-7

Inhalt

DIE LEITER DER GÖTTLICHEN GNADEN[1]

deren Erfahrung denen offenbart wird,
die von Gott beseelt sind

Die erste Stufe ist die des reinsten Gebets.
Von dort kommt eine Wärme des Herzens,
Und dann eine seltsame, heilige Energie,
Dann Tränen, dem Herzen entwrungen, von Gott geschenkt.
Dann Friede von Gedanken aller Art.
Daraus entsteht die Läuterung des Intellekts,
Und daraufhin die Vision himmlischer Mysterien.
Nie dagewesenes Licht wird unbeschreiblich daraus geboren,
Und daraus, jenseits allen Berichtens,
Die Erleuchtung des Herzens.
Zuletzt kommt – eine Stufe, die grenzenlos ist,
Obwohl in einer Zeile umfasst –
Vollkommenheit, die endlos ist.

Gott, der Allmächtige, brachte die Schöpfung hervor und sagte:
„Vertraue Mir deine Geheimnisse an.
Tust du dies nicht, dann blicke zu Mir.
Tust du dies nicht, dann höre Mir zu.
Tust du dies nicht, dann warte an Meiner Tür.
Tust du nichts von alledem
Dann sage Mir wenigstens, was dir fehlt.“

SAHL[2]

VORBEMERKUNG

Gott, der Große Geliebte, ist weder männlich noch weiblich. Es hat sowohl eine göttliche männliche Seite wie auch eine Ehrfurcht gebietende weibliche Seite. Gott wird in diesem Buch jedoch in der männlichen Form bezeichnet, als Er. Das geschieht aus Gründen der Einheitlichkeit. In den christlichen mystischen Schriften der hl. Teresa von Avila und auch bei den hier zitierten Sufi-Autoren wird von Gott als Er gesprochen.

VORWORT

Es ist weitgehend bekannt, dass sich Thomas Merton, der große zeitgenössische christliche Mystiker, in der letzten Dekade seines Lebens stark zum Buddhismus hingezogen fühlte. Weniger bekannt ist, dass er ebenso, wenn nicht in gewisser Weise sogar noch intensiver, vom Sufismus angezogen wurde. Irgendwann in diesem Zeitraum war er zufällig auf Louis Massignons französischen Kommentar zu einer Abhandlung über das Herz von al-Hallāj, einem Sufi-Heiligen aus dem 9. Jahrhundert, gestoßen. Offenbar elektrisiert von dem, was er da gefunden hatte, bezog er sich wieder und wieder auf diesen Text, sei es in seinen zur Veröffentlichung gedachten Schriften wie auch in seinen Tagebüchern. Besonders gab Massignons Ausführung über den *point vierge,* diesen mysteriösen göttlichen Grund im Innersten des Herzens (bei den Sufis als *sirr* oder Geheimnis bekannt), den Anstoß zu Mertons bewegenden letzten Abschnitt seines Essays „Ein Mitglied des Menschengeschlechts“.

„Dann war es, als sähe ich plötzlich die geheime Schönheit ihrer Herzen, die Tiefe ihrer Herzen, wo weder Sünde noch Wunsch noch Selbsterkenntnis hingelangen können, den Kern ihrer Wirklichkeit …

Wieder kommt hier der Begriff le point vierge *hinein (ich vermag ihn nicht zu übersetzen). Im Zentrum unseres Seins ist ein Punkt des Nicht-seins, der unberührt von Sünde und Illusion ist, ein Punkt reiner Wahrheit, ein Punkt oder Funke, der nur Gott gehört, über den wir nie Verfügung haben, von dem aus Gott über unser Leben verfügt, der unzugänglich ist für die Phantasien unseres Geistes oder die Brutalitäten unseres Willens. Dieser kleine Punkt des Nichtseins und der absoluten Armut ist die reine Herrlichkeit Gottes, eingeschrieben in uns als unsere Armut, als unsere Bedürftigkeit, als unsere Sohnschaft. Er ist wie ein reiner, hell im unsichtbaren Licht des Himmels strahlender Diamant. Er ist in jedem von uns, und wenn wir ihn nur sehen könnten, würden wir diese Milliarden Lichtpunkte im Antlitz und Glanz einer Sonne zusammenkommen sehen, die alle Dunkelheit und Grausamkeit des Lebens vollständig verschwinden ließe."*

Im Spiegel des Sufismus erfuhr Merton sein christliches Herz zutiefst erleuchtet.

Im Herzen sind Sufismus und Christentum verbunden, darüber gibt es kaum Zweifel. Ich selber bin für mich im Laufe meiner zwanzigjährigen Suche, die authentische Weisheitstradition des Christentums wieder aufzudecken, zu diesem Schluss gekommen. Im Verlauf dieser Reise habe ich von vielen Sufi-Lehrern, besonders von Llewellyn Vaughan-Lee, Unterweisung erhalten. Diese wundervollen Mentoren haben mir geholfen, den großartigen

Pfad der Liebe im Herzen meiner eigenen christlichen Tradition wiederzufinden, in der er unauslöschlich gegenwärtig, jedoch oft durch eine theologisch unverständliche Sprache verborgen ist, die sich das Christentum sehr bald für seine Darstellung angewöhnt hat. Vor meinem geistigen Auge stelle ich mir oft eine Art des Weiterreiches vor, das historisch und politisch falsch sein mag, sich bei mir tief innen aber immer wieder wahr anfühlt: Während das institutionalisierte Christentum in jenen Jahrhunderten, die auf die Erhebung zur offiziellen Religion des Römischen Reiches folgten, immer dogmatischer und verklausulierter in seinem Ausdruck wurde, entwickelte sich in der Wiege des Islam der Sufismus und empfing und nährte diese Lehren über das Herz, die zuerst direkt vom lebendigen Herzen Jesu in jene Länder des Nahen Ostens gesät worden waren.

Im Herzen sind Sufismus und Christentum verbunden – vielleicht im eigentlichen Sinne des Wortes, gewiss jedoch spirituell und symbolisch. Sie sind verwandte Pfade der Transfiguration, der Verklärung, durch die Liebe. Beide Traditionen veranschaulichen die spirituelle Reise mit derselben zentralen Metapher: als ein kosmisches Liebeslied, das im Exil beginnt und in der göttlichen Intimität endet. Von dem herzzerreißenden Klagen von Rūmīs Rohrflöte zu den tiefgründigen theologischen Bildern von Teresa von Avilas inneren Wohnungen und Juliana von Norwichs Vision der Haselnuss, von der *Konferenz der Vögel* zur *Wolke des Nichtwissens.* Beide Traditionen anerkennen die Seelenqual der Trennung, wobei sie zugleich die Zusicherung ekstatischer Wiedervereinigung ausstrahlen, wenn das, was irrtümlich als zwei wahrgenommen wurde, als erhabenes Eines erkannt wird. Mein Lehrer, Pater Thomas Keating, sagt: „Die Auffassung, dass Gott abwesend ist, ist die fundamentale Illusion des menschlichen Daseins."

Beten ist der Weg, diese Illusion zu entlarven, und in sich selber ein direktes Tor in das, was ein weiterer meiner geschätzten Sufi-Mentoren, Kabir Helminski, „das große elektromagnetische Feld der Liebe“ nennt. Wir finden in den Lehren der Ostkirche über das Herzensgebet und in der grundlegenden Sufi-Praktik des *Dhikr,* der ekstatischen Hingabe, die aus der voll verkörperten Rezitation der Namen Gottes entsteht, einen gemeinsamen Pfad des Betens, der Selbstbezogenheit und Ego-Drama überwindet und uns schließlich in die blaue Flamme reiner Selbstvergessenheit katapultiert, wo wir wie durch ein Wunder nicht zerstört, sondern vielmehr in die wahre Persönlichkeit hineingeboren werden. Llewellyn Vaughan-Lee webt mit der zurückhaltenden Einfachheit eines wahren spirituellen Lehrers diese komplementären Traditionen nahtlos zu einer einzigen Tapisserie von beispielloser Kraft und Schönheit zusammen. Achten Sie besonders darauf, was er über den Atem sagt. Wenn Sie diese Dinge genauso erstaunlich finden wie ich, werden Sie wieder einmal erahnen, welche Gaben der Sufismus einem Christentum anbieten könnte, das darum ringt, das alte Verständnis von der zentralen Rolle der Verkörperung im Beten wieder zu beleben. Eine neue Würdigung der Verkörperung, speziell durch den Atem, die bisher fehlende Verbindung, könnte uns von diesen zähen Diskussionen erlösen, ob Beten (verstanden als mit Worten geäußerte Bitte) „hilft“, und uns stattdessen in den dynamischen Grund jenes „großen elektromagnetischen Feldes“ eintauchen lassen, wo unser Fehlen bemerkt und schmerzlich bedauert wird.

Ich habe diese einführenden Bemerkungen mit Mertons tief bewegender Vision begonnen: „Wir würden diese Milliarden Lichtpunkte im Antlitz und Glanz einer Sonne zusammenkommen sehen, die alle Dunkelheit und Grausamkeit des Lebens vollständig verschwinden ließe.“ Es erstaunt nicht, dass Llewellyn Vaughan-Lee ein fast identisches Bild in einem seiner frühen Bücher *Der Liebesbund* (1993) benutzt, wurden sie wohl beide vom selben Sufi-Strom gespeist. Der folgende Absatz auf den Seiten 37f., in meiner zerlesenen Ausgabe unterstrichen und angekreuzt, gab den ersten Funken für meine Verbindung mit dem Sufismus und belebte in mir eine fast vergessene innere Überzeugung, dass Beten absolut wirklich und absolut notwendig ist, und zwar nicht nur für die persönliche Heilung und die „Selbstverwirklichung“, sondern für das Leben an sich auf diesem Planeten.

„Wenn wir still an uns selbst arbeiten, wird die Energie unserer Hingabe zu einem Lichtpunkt in der Welt. Zum gegenwärtigen Zeitpunkt wird eine Landkarte entfaltet, die aus den Lichtpunkten der Liebenden Gottes gestaltet ist. Sie dient dazu, die innere Energiestruktur des Planeten zu verändern. In früheren Jahrhunderten wurde diese Energiestruktur durch heilige Orte, Steinkreise, Tempel und Kathedralen gehalten. Auf der nächsten Stufe unserer kollektiven Evolution sind es die Herzen der Individuen, welche die kosmische Note des Planeten halten. Diese Note lässt sich als Lied der Freude, die im Herzen der Suchenden geboren wird, wahrnehmen. Sie ist eine Qualität der Freude, die der Welt zugeführt wird. Sie klingt mit im Herzschlag der Welt und muss in unseren Städten und Dörfern gehört werden.“

Mit diesem neuesten Buch schenkt uns Llewellyn Vaughan-Lee einen weiteren grundlegenden Beitrag zur „kollektiven Evolution unserer Herzen“, und wie sehr freue ich mich, ihn empfangen zu dürfen.

Cynthia Bourgeault, Reverend
Eagle Island, Maine USA
September 2011

EINFÜHRUNG

Im Zentrum der meisten Religionen steht das Beten, ein Weg, sich mit Gott zu verbinden. Das kann in Form von festgelegten Gebeten, den Ritualen innerer Kommunion stattfinden. Doch es kann auch in Form des persönlichen Gebets geschehen, bei dem wir unsere eigene Weise suchen, mit Gott zu sein, mit dem Göttlichen, das die Quelle von allem ist.[3] Und für den Mystiker ist die innigste Form des persönlichen Gebets das Herzensgebet, bei dem wir ins Innere unseres Herzens geholt werden, wo wir mit unserem Geliebten allein sein können. Hier schreit unser Herz nach Gott, und hier ruhen wir auch in der Stille – wartend, lauschend, uns in der Liebe auflösend. Das Herzensgebet lässt sich sowohl in der christlichen mystischen Tradition wie auch in der mystischen Tradition der Sufis finden.

Dieses kleine Buch basiert auf meinen eigenen Erfahrungen mit dem Herzensgebet im Verlauf meiner fast vierzigjährigen Reise auf dem Sufi-Pfad der Liebe. Mein Wissen über dieses innere Gebet innerhalb der christlichen mystischen Tradition stammt hauptsächlich aus den Schriften der hl. Teresa von Avila. In *Die innere Burg* und in ihrer Autobiographie *Das Buch meines Lebens* beschreibt die hl. Teresa ihre tiefen Erfahrungen durch das mystische Gebet. Trotz der Schwierigkeiten, sich unter den wachsamen Augen der Inquisition mystischen Praktiken zu widmen, wurde sie über die mentale Wiederholung der festgelegten Gebete hinaus in die Stille des Herzensgebets genommen, in dem sie ihre eigene mystische Kommunion mit dem Göttlichen erfuhr. In *Die innere Burg* beschreibt sie sieben verschiedene „Wohnungen der Seele" und wie das Fortschreiten durch Gebet und innere Übung uns zu dem innersten Ort der mystischen Hochzeit der Seele mit Gott führt. In *Das Buch meines Lebens* gibt sie einen Überblick über verschiedene Stufen des Betens, die der immer tiefer werdenden Beziehung zum Göttlichen entsprechen.

Die Leidenschaft und Intensität des inneren Lebens der hl. Teresa im Gebet sind für mich immer eine Quelle tiefer Freude gewesen, fand ich doch in der christlichen mystischen Tradition eine Beschreibung des mystischen Betens, die so sehr mit meiner Erfahrung innerhalb der Sufi-Tradition übereinstimmte. Sie schildert, wie sie im Gebet auf Weisen ergriffen und aufgelöst wurde, mit dem göttlichen Mysterium im Herzen verschmolz, die von der einzigen Quelle zeugen, zu der alle Mystiker hingezogen werden. Und wenn sich auch die klösterliche Tradition, der die hl. Teresa angehörte, äußerlich so sehr vom Sufi-Pfad unterscheidet, der mitten in der Welt, in Familie und Beruf und all unseren anderen Aktivitäten gelebt wird, ist ihre Mystik doch sehr praktisch, was ihre ekstatischen Zustände ausglich. Für sie „lebt Gott inmitten der Kochtöpfe und Pfannen"[4], und ihre Bodenständigkeit schwingt in ihrem Ausspruch mit: „Wenn gebetet wird, dann betet, wenn Haferbrei gegessen wird, dann esst Haferbrei."[5] Obwohl die hl. Teresa ständig auf ihren Mangel an Bildung verweist, beschreibt sie klug und detailliert und zugleich passioniert die einzelnen Stufen des Betens. Aus ihrer eigenen Erfahrung heraus führt sie uns durch die sich vertiefende stille Kommunion mit dem Göttlichen, das uns schließlich mit seiner Gegenwart überwältigt, schildert, wie die empfängliche Seele von Ekstase ergriffen wird und in der Vereinigung verschmilzt. Als ich ihre Erfahrungen las, war ich so berührt zu entdecken, wie sie mit den Sufi-Stufen der immer stärker werdenden Absorption im Herzen übereinstimmen, die uns zum Einssein mit unserem Geliebten führen.

Auf beiden Pfaden finden wir das schlichte Gebet des Herzens, bei dem der Praktizierende den Verstand mit seinen Gedanken hinter sich lässt. Anstatt uns in irgendeinen aktiven Prozess des Gebets oder der Meditation zu begeben, gehen wir einfach nur ins Herz, in dieses spirituelle Zentrum unseres Seins. Mit den Worten des hl. Theophan, des Klausners:

„Die Sammlung
Auf die Wachsamkeit im Herzen –
Das ist der Ausgangspunkt des Betens."[6]

Wie das physische Herz das Zentrum unseres stofflichen Körpers ist, so ist das spirituelle Herz das Zentrum unseres spirituellen Körpers und Organ unseres göttlichen Bewusstseins. In diesem Herzen können wir eine unmittelbare Beziehung mit Gott haben. Hier vollzieht sich die göttliche Kommunion, hier geschieht es, dass wir unseren Geliebten treffen. Der französische Benediktiner, Henri Lassaux, beschreibt in seinem Buch über das Beten wunderschön diese Qualität des Herzens: „Das Herz ist der Ort unseres Ursprungs, an dem die Seele sozusagen ist, aus den Händen Gottes kommend und zu sich selbst erwachend."[7] Und genau wie die hl. Teresa die verschiedenen, immer inwendigeren

Wohnungen der Seele darstellt, so haben die Sufi-Mystiker die verschiedenen Kammern des Herzens beschrieben, die uns tiefer und tiefer in das Zentrum unseres Wesens führen, wo wir immer eins mit Gott sind.[8]

Anfangs muss man beim Ausüben des Herzensgebets allein sein und zulassen, vom Kopf ins Herz hinabzusteigen. Die Gefühlsqualität des Herzens ist es nämlich, die uns zurück zu Gott bringt.[9] Dieses Gefühl kann Liebe sein, Sehnsucht, Traurigkeit – wie auch immer sich unser Herz ausdrücken will. Vielleicht taucht auch kein bestimmtes Gefühl auf, sondern nur eine einfache Qualität der Stille oder Ruhe. Oder auch nur der Wunsch, mit Gott allein zu sein. Das Herz ist ein heiliger Raum, wo wir hingehen können, um mit unserem Geliebten zu sein. Deshalb braucht es eine Haltung der Empfänglichkeit, eine weibliche Eigenschaft, die schließlich zum Zustand der Hingabe an Gott führt. In diesem heiligen Raum können wir unsere Worte der Sehnsucht, der Not oder unsere Worte der Liebe äußern. Wir beten vielleicht für uns selbst, für andere, für die ganze Welt. Wir können unsere Lobpreisungen und unseren Dank darbringen.

Gehen wir in unser Herz, müssen wir auch lernen zu lauschen. Beten ist ein Zustand des inneren Horchens, in dem wir bitten: „Öffne unser Herz, damit wir Deine Stimme vernehmen, die beständig aus dem Inneren kommt." Wenn wir aufmerksam sind, wenn wir lernen zu warten, können wir vielleicht eine ruhige, leise Stimme wahrnehmen, die unser Geliebter ist, der zu uns spricht. Der Geliebte spricht auf die Weise zu uns, die einzig wir zu hören vermögen. Seine Liebesbotschaften sind, wie die hl. Teresa sagt, „mit so viel Liebe geschrieben, und zwar so, dass nur ihr Seine Schrift lesen könnt und versteht, worum Er euch bittet."[10]

Die christlich-orthodoxe Tradition kennt auch ein Gebet des Herzens, das Jesusgebet, ein sehr einfaches Gebet, das den Verstand ins Herz bringt. Ich habe auch dem ein Kapitel gewidmet. Das Jesusgebet ist der Sufi-Praktik des *Dhikr* ähnlich, dem Erinnern Gottes durch die Wiederholung eines heiligen Wortes oder Satzes. Sowohl im Jesusgebet wie im *Dhikr* stärkt das Wiederholen der heiligen Worte unser Gotterinnern und hilft, das Göttliche in unserem Herzen zu erwecken.

Von welcher Weise des Betens auch immer wir uns angezogen fühlen, wir finden uns, wenn das Beten sich vertieft, jenseits der Worte in die innere Stille der wahren Kommunion mit Gott genommen. Dort, in der Stille des Herzens, geschieht ein Zusammenkommen und Verschmelzen, das uns über uns selbst hinausführt in das Mysterium der göttlichen Gegenwart, in das Geheimnis der Einheit der Liebe. Sufis und christliche Mystiker haben die Stationen dieser Reise in die Liebe kartographiert, den Weg in unserem Herzen und unserer Seele, über den der Geliebte in uns geboren wird und uns dann die größten Wunder und Ekstasen offenbart, die in uns sind. Doch jeder von uns muss auf seine ganz eigene Weise auf diesem uralten Pfad gehen, diese Liebe entdecken, an diesem Ort des Betens sein. Dieses kleine Buch ist einfach eine Gabe des Herzens, das diese beiden mystischen Traditionen in der Einheit der Liebe zusammenbringt, der sie angehören.

1

BETEN und LAUSCHEN

Innere Empfänglichkeit

Beten entsteht aus einem Bedürfnis oder einer Not heraus. Wir fühlen uns allein und brauchen etwas. Und nur das Göttliche kann dieses Bedürfnis stillen. Dieses Bedürfnis zieht uns zum Ort des Gebets in uns, in unser Herz, das zu Gott schaut.

Aus den Tiefen unseres Wesens rufend, gestehen wir uns selbst und Gott dieses Bedürfnis ein. Wir beten entsprechend unserem Bedürfnis und dem Bedürfnis des Augenblicks. Unsere Bedürfnisse sind zu verschiedenen Zeiten unterschiedlich. So beten wir vielleicht um Vergebung, um Verständnis, um Güte. Oder wir beten darum, dass unsere Beziehungen nicht durch Misstrauen getrübt werden oder dass unsere Kinder nicht leiden. Wir können all die zahllosen Schwierigkeiten unseres Alltags in unser Gebet einschließen, unsere eigenen Schwierigkeiten, die der Familie und der Freunde und sogar die Sorgen der Welt.[11] Wir hoffen, Gottes Aufmerksamkeit auf diese Probleme zu lenken, auf dass die grenzenlose Liebe und Gnade in unsere Welt reichen und uns in dem Schmerz, Mensch zu sein, helfen mögen.

Beten ist unendlich machtvoll, denn es verbindet uns mit Gottes unendlicher Macht. Wenn wir beten, bringen wir die Schwierigkeiten, in einer Welt zu leben, in der das Göttliche oft abwesend scheint, in dem tiefsten Wissen dar, dass nur das Göttliche, welches die Quelle allen Lebens und aller Liebe ist, uns wirklich helfen kann. Wir, die wir so winzig und so allein sind, schauen zu Gott und wenden so unseren Blick von dem Vielen zu dem Einen hin. Manchmal denken wir: „Warum soll ich Gott belästigen? Wie können meine Schwierigkeiten dieses Große Wesen interessieren?" Aber das ist die Stimme des Egos, denn es trennt das Individuum fälschlicherweise von Gott. Wir sind Teil von Gottes Welt, und wenn wir in Not sind, sollten wir uns an Gott wenden.

So oft scheint es, als würden unsere Gebete nicht erhört, als wären wir vergessen, allein gelassen. Doch die Mystiker sagen: „Wenn das Herz das Gebet gehört hat, hat Gott das Gebet gehört." Und viel wichtiger als jede spezifische Antwort ist der Akt des Betens selbst, das sich Hinwenden zu Gott. In unserem geschäftigen Leben geschieht es so leicht, dass wir das Göttliche vergessen und nur in unseren Problemen und in unserer Person versinken. Die Mystiker wissen, wirklich von Bedeutung ist die innere Verbindung des Herzens, wenn das Herz sich öffnet und fleht. Das ist etwas so Einfaches, und doch wird es so leicht übersehen. Beten ist eine Weise, mit Gott zu sein.

Jeder von uns hat seine ganz eigene Weise mit diesem innersten Mysterium zu sein, hat seine eigene Art zu beten. Für einige von uns findet es in den dunklen Stunden der Nacht statt, wenn wir wach liegen und unsere Not am bedrängendsten ist. Manchen fällt es leichter, beim Gehen zu beten oder sie finden in der Natur Zugang zu dieser inneren Kommunion. Andere beten, wenn sie in ihrem Garten sind und das Göttliche inmitten ihrer Blumen fühlen. Manche beten, wenn sie Leid miterleben, andere spüren vielleicht, wie sich ihr Herz öffnet, wenn sie Schönheit erfahren. Für die Mystiker ist es das Herzensgebet, das uns tief in das Zentrum unseres Wesens holt, wo wir mit unserem Geliebten allein sein können, wo das Herz schreien kann und wir in seinem Schrei gegenwärtig sind, wo wir die größte Sehnsucht unserer Seele aussprechen und leben können: mit Gott zu sein.

Die Sufi-Tradition wie auch die christliche mystische Tradition haben eine Praxis der Kontemplation entwickelt, die uns tief in unser Herz bringt, wo wir mit Gott allein sein können. Sufismus ist ein Pfad der Liebe, auf dem der Liebende durch die Liebe und Sehnsucht zurück zum Geliebten gebracht wird – von der Erfahrung der Trennung von Gott in den Zustand der Vereinigung im Herzen. Im Sufismus betreiben wir diese Rückkehr zur Liebe durch die Praktik einer Herzensmeditation oder *murāqaba,* bei der wir den Verstand im Herzen versenken. Indem wir ins Herz eintauchen, ermöglichen wir der Energie der Liebe, den Verstand mit seinen vielen Gedanken zu verlangsamen, bis wir schließlich in einen Zustand leerer Empfänglichkeit gelangen, in welchem wir geduldig im Herzen warten. Auch wenn Gedanken kommen und gehen, schenken wir ihnen doch keine Aufmerksamkeit, sondern bleiben in diesem Zustand leerer innerer Achtsamkeit. An diesem inneren Ort ist es uns möglich, die Worte unseres Geliebten zu vernehmen, göttliche Gegenwart zu erfahren oder tiefer in der Stille aufzugehen, die der Liebe angehört.

In der christlichen Mystik ist das Gebet der Ruhe eine Übung des Stillseins und des Lauschens auf Gott. In dieser horchenden Stille, dieser inneren Aufnahmebereitschaft, wird die Seele mit göttlicher Gegenwart getränkt. Die hl. Teresa von Avila beschreibt, wie das Gebet der Ruhe ein Funken der reinen Liebe Gottes ist, die als Friede oder überwältigende Freude oder Seligkeit empfunden wird. Unsere Geisteskräfte sind in Gott aufgelöst, der in uns wirkt. Sogar Sprechen [d. h. Beten mit Worten und Meditation] beschwert unsere Seele; „sie möchte nichts anderes als lieben“[12].

Das Gebet der Ruhe hat auch Ähnlichkeit mit dem von Pater Thomas Keating entwickelten Zentrierenden Gebet, das den Praktizierenden in einen Zustand empfänglicher Stille führt, indem es den Verstand ins Herz bringt. Pater Keating betont: „Stille ist die Sprache, die Gott spricht.“[13] Diese Praktik hat ihre Wurzeln in dem kontemplativen Beten der frühen Wüstenväter. Das Zentrierende Gebet beginnt mit einer Meditation über ein Wort oder einen Satz, während das Gebet der Ruhe – wie die Herzmeditation der Sufis – sich auf die Stille und innere Empfänglichkeit konzentriert.

Beten lernen heißt hinhören lernen. Wir lernen, im Herzen geduldig auf Gottes Worte zu warten, die vielleicht kommen, auch wenn wir gar nicht darum gebeten haben. Lauschen ist in sich selbst schon eine Form des Gebets, bei dem unser ganzes Wesen empfänglich ist. Beten ist die Kommunion mit Gott; wir teilen unsere Bedürfnisse mit Ihm, und wir lernen auch, achtsam zu sein, wie Rūmī das so wunderschön ausdrückt:

> *„Mach alles in dir zum Ohr, jedes Atom deines Wesens, und du wirst in jedem Moment hören, was die Quelle dir zuflüstert, nur dir und nur für dich, ohne dass du meine Worte brauchst oder die von irgend jemand sonst. Du bist – wir alle sind – der Geliebte des Geliebten, und in jedem Moment, in jedem Ereignis deines Lebens flüstert der Geliebte dir genau das zu, was du zu hören und zu wissen brauchst. Wer kann je dieses Wunder erklären? Es ist einfach. Lausche und du wirst es in jedem flüch-*

tigen Augenblick entdecken. Lausche und dein ganzes Leben wird zu einem Gespräch in Gedanken und Handlungen zwischen dir und IHM, unmittelbar, wortlos, jetzt und immer."[14]

Im Herzen zu lauschen bedeutet, dass wir uns auf unseren Geliebten einstimmen. Wir entwickeln das Ohr des Herzens, das innere Lauschen der Seele. Manchmal teilt sich Gott direkt über Worte mit. Der Geliebte spricht nicht oft mit lauter Stimme oder kommt und hämmert an die Tür. Meist spricht Gott sehr leise, antwortet auf unser Beten, leitet uns oder flüstert von den Geheimnissen der Seele, den Mysterien göttlicher Liebe. Wir können diese Worte als eine ruhige leise Stimme oder einen plötzlich auftauchenden Gedanken wahrnehmen. Und unsere Aufgabe ist es, lauschen zu lernen, einen inneren Raum zu schaffen, in welchem die Stimme nicht durch das unaufhörliche Geplapper des Verstandes und durch Ängste und Begierden übertönt wird.

In dieser Stille des empfänglichen Betens, dem Gebet der Ruhe, vermag Gott unmittelbar zur Seele zu sprechen. Mit den Worten Miguel de Molinos, einem der Verfechter der religiösen Wiederbelebung des Quietismus:

„*Durch Nichtsprechen, Nichtverlangen und Nichtdenken erreicht er [der kontemplative Geist] die wahre vollkommene mystische Stille, in der Gott mit der Seele spricht, Sich ihr mitteilt und sie in dem Abgrund ihrer eigenen Tiefen die vollkommenste und höchste Weisheit lehrt. Er ruft und geleitet sie zu dieser inneren Einsamkeit und zum mystischen Schweigen, wenn Er sagt, Er wolle zu ihr allein im geheimsten und verborgensten Teil des Herzens sprechen.*"[15]

Unterscheidungsvermögen

In *Die innere Burg* beschreibt die hl. Teresa von Avila detailliert „auf welche Weise Gott, wenn es Ihm gefällt, die Seele anredet."[16] Sie stellt die verschiedenen Wege dar, auf denen Gott zur Seele spricht:

> *„Manche solcher Anreden scheinen von außen zu kommen, andere aus dem tiefsten Innern der Seele, wieder andere aus ihrem obersten Bereich, während noch einmal andere so äußerlich sind, dass man sie mit den Ohren hört, weil es sich wie eine ausgeformte Stimme anhört.*"[17]

Sie differenziert zwischen drei Weisen göttlichen Ausdrucks und zwar körperlich: tatsächlich wahrgenommen über das physische Hörvermögen, imaginär: wahrgenommen über die Imagination und spirituell: ohne Laut, aber in die Tiefe der Seele eingeprägt.

Doch die hl. Teresa warnt vor den Gefahren, sich von Stimmen, die man beim Beten hört, täuschen zu lassen; sie sollten mit Vorsicht behandelt, wenn nicht sogar ignoriert werden. Stammen sie von Gott, werden sie wiederkommen. Sie warnt, dass manche Worte sogar vom Teufel kommen können, und gibt hilfreiche Anleitung, wie das zu unterscheiden ist. Sie sagt: „Ungeachtet, ob sie von innen, von oben oder von außen kommen, können diese Anreden trotzdem von Gott sein." Die verlässlichsten Merkmale für ihren göttlichen Ursprung sind erstens: „die Macht und Souveränität, die sie an sich haben in ihren Worten und ihrem Wirken." Zweitens: „eine große Ruhe, welche die Seele überkommt, eine andächtige und friedvolle Sammlung … Das dritte Zeichen ist, dass diese Worte lange nicht aus dem Gedächtnis schwinden und manche überhaupt nie."[18]

Sie beschreibt noch andere Weisen, in denen Gott zur Seele spricht, die wir für echt ansehen dürfen und die nicht die Stimme Satans sind oder unserer Phantasie entspringen. Der erste Beleg ist, dass „eine echte Stimme so klar ist, dass sich die Seele an jede einzelne Silbe erinnert."

> *„Der zweite Grund ist, dass … die Stimme unerwartet kommt … oft geht es um etwas, das man nie für möglich gehalten hätte …*
>
> *Der dritte Grund ist, dass der Angeredete sich bei echten Äußerungen verhält, wie jemand der etwas hört. Ist es aber ein Werk der Einbildung, so verhält sich der Betreffende wie jemand, der nach und nach das ersinnt, was er selber gesagt bekommen will.*
>
> *Der vierte Grund ist, dass die Worte Gottes ganz anders sind als alles, was wir zu hören gewohnt sind, und ein einziges von ihnen enthält so vieles, was unser Verstand nicht so schnell zusammenbrächte.*
>
> *Der fünfte Grund ist, dass mit den Worten, die Gott zur Seele sagt … viel mehr zu verstehen gegeben wird, als die Worte selber sagen."*[19]

Alle, die lernen, nach innen zu horchen, wissen um die Wichtigkeit des Unterscheidungsvermögens: Was ist wirklich die Stimme Gottes und was ist die Stimme des Egos oder der abgespaltenen Teile unserer Persönlichkeit oder Psyche.[20] Wie leicht täuschen uns unser Verstand und unser Ego und gaukeln uns das vor, was wir gerne hören wollen, wie schnell werden wir in die Irre geführt. Diese Leitlinien der hl. Teresa, die auf ihre eigenen Erfahrungen zurückgehen, haben heute noch dieselbe Gültigkeit wie damals, vor vielen Jahrhunderten.

Die Gefahr ist immer, dass das Ego das Nach-innen-Lauschen subtil für seine Zwecke missbraucht. Der Verstand und das Ego verbünden sich heimlich, um die Stimme und die Botschaften zu kreieren, die uns so leicht verführen; niemand kennt unsere Schwächen besser als unser Ego. Und da wir uns oft nach Führung oder spiritueller Versicherung sehnen, besonders in unserer modernen westlichen Kultur, die so wenig von beidem bietet, müssen wir vorsichtig sein, wenn die innere Stimme uns sagt, was uns gefällt. In meiner Erfahrung habe ich herausgefunden, dass die unerwartete Art einer Antwort oder inneren Führung oft am deutlichsten ein Zeichen ihrer Echtheit ist. Denn dabei ist die Tendenz der Antwort oder die dabei benutzte Sprache so anders als alles, was ich denken oder mir vorstellen konnte. Ich weiß dann, es kommt von Einem Anderen als von meinem Verstand. Ein wertvoller Anhaltspunkt ist es auch zu beachten, ob das Ego oder persönliche Selbst irgendeinen Gewinn aus dem ziehen kann, was uns eine innere Stimme erzählt. Eine wirkliche innere Stimme nährt den Geist, aber kaum unser materielles Leben oder unser oberflächliches Selbst.

Man sollte auch immer die Gefahr der Inflation, der Selbstaufblähung, im Auge behalten – jegliches Gefühl des Besondersseins oder jede spirituelle Selbstüberhebung, die sich aus dem entwickelt, was wir im Inneren hören. Wir brauchen die Weisheit der Demut[21] und auch den Schutz des gesunden Menschenverstandes. Gesunder Menschenverstand ist eine sehr notwendige Eigenschaft, um unser inneres und äußeres Leben auszubalancieren. Die innere Stimme mag uns von den Geheimnissen der Seele erzählen, aber sie gibt uns wohl kaum wirre Ratschläge oder Anweisungen.

Horchen wir mit Unterscheidungsvermögen, entdecken wir, dass uns die nötige Weisheit und das Verstehen auf ungeahnte

Weisen gegeben werden. Manchmal ist ein Wort, ein Satz oder ein Wissen als Antwort auf eine Frage – oder auch ungefragt – in uns da oder liefert einen Hinweis in eine neue oder notwendige Richtung. Im Sufismus finden wir dieses Wissen „ins Herz eingeprägt", als hätte Ein Anderer es heimlich dort eingedrückt.

Es gibt auch das einfache Wunder, die Worte unseres Geliebten zu hören und zu wissen, dass wir nicht vergessen oder allein sind. Das spirituelle Leben ist eine einsame Reise, auch in der Gesellschaft von anderen Weggefährten. Oft fühlt man sich sehr alleingelassen[22], und es ist ein großer Segen, die Gegenwart des Einen, den wir lieben, zu hören und zu erleben. Nach innen zu lauschen gibt uns Zugang zu einer Qualität spiritueller Begleitung, die unendliche Wunder bringt. Wie *Manna* vom Himmel nährt sie uns im Zentrum unseres Wesens. Mit den Worten der hl. Teresa:

> *„Jeden Tag wundert sich diese Seele noch mehr, da ihr vorkommt, dass sie [die Heilige Trinität, Anm. d. Übers.] seitdem nie von ihr weggegangen sind, sie vielmehr in der eben beschriebenen Weise eindeutig sieht, dass sie im Innern ihres Herzens weilen. In der allerinnersten Mitte, in etwas Abgrundtiefem, von dem sie nicht zu sagen vermag, wie es ist, da sie nicht studiert ist, fühlt sie in sich diese göttliche Gesellschaft."*[23]

Beten ist Kommunion mit Gott; wir teilen unsere Bedürfnisse mit unserem Geliebten und wir lernen auch, aufmerksam für Seine Worte zu sein, für das, was Er von uns braucht. Und manchmal kommuniziert der Geliebte mit uns in Bildern statt in Worten und äußert sich in leuchtenden Bildern oder Symbolen, die direkt zu unserer Seele sprechen. Diese Bilder bleiben noch lange nach dem Beten in uns und haben zur Folge, dass wir noch Tage und Wochen danach über sie meditieren. Ich habe festgestellt, dass solche Bilder voller Bedeutung sein können, die sich allmählich von allein im Bewusstsein offenbart und uns auf die tieferen Dimensionen unserer Seele und unserer Beziehung zu Gott einstimmt. Manche Liebenden hören auch Musik oder riechen Düfte, die aus dem Garten des Herzens kommen und sie auf unerwartete Weise berühren.

Oder unser Geliebter spricht in Träumen zu uns, wobei die Worte dann eine Energie transportieren, von der wir wissen, dass sie nicht von der Psyche kommt, so wie mir einmal gesagt wurde: „Er hat eine besondere Zärtlichkeit für Seine persönlichen Narren." Manchmal schlagen wir ein Buch auf und wissen, dass die Worte, die wir gerade lesen, eine Botschaft von unserem Geliebten sind. Unser Geliebter spricht auf so viele Weisen zu uns, antwortet auf unsere Gebete, enthüllt Sich in der inneren und äußeren Welt „an den Horizonten und in ihnen selbst." (Koran 41:53) Es gibt viele Möglichkeiten, wie unser Geliebter die Wunder dessen, was wirklich ist, mit uns teilt. Aber am häufigsten kommuniziert unser Geliebter über Worte mit uns.

Unser Lauschen im Herzen stimmt uns auf unseren Geliebten ein. Göttliche Worte haben eine höhere Frequenz als ein normales Gespräch; sie sind viel feiner und entgehen uns leicht. Indem wir im Herzen lauschen, entwickeln wir das Ohr des Herzens, das innere Lauschen der Seele, die auf dieser höheren Frequenz wahrnimmt. Und doch erfordert dieses Lauschen sowohl Aufmerksamkeit als auch Unterscheidungsvermögen, denn es ist nicht immer einfach, zwischen der Stimme des Egos und der Stimme des Geliebten zu differenzieren. Doch es gibt einen deutlichen Unterschied: Die Worte des Egos und des Verstandes gehören zur Dualität; die Worte des Herzens tragen die Prägung der Einheit. Im Herzen gibt es keine Diskussion, kein Du und Ich, nur eine sich entfaltende Einheit. Das Herz umfasst einen strittigen Punkt, während das Ego Partei ergreift.

Lauschen, auf die Worte der Liebe warten, wendet uns von unseren eigenen Bedürfnissen ab und lässt uns aufmerksam für Sein Bedürfnis werden. In unserer Not rufen wir zu unserem Geliebten, und dann warten wir, auf eine Antwort horchend, an der Tür zu Gott in unserem Herzen. Allmählich und unmerklich wird jedoch dieses innere Lauschen wichtiger als unsere Bedürfnisse. Unsere Fragen werden weniger, unsere innere Aufmerksamkeit wächst. Nährt uns der Geliebte erst einmal mit Seiner Antwort, wird das Bedürfnis der Seele nach Freundschaft befriedigt. Die Seele ist dann nicht länger ein hungriges Kind, das in der Dunkelheit des Verlassenseins schreit.

Wir schauen zu Ihm und Er schaut zu uns. Viele Male ist Gottes Antwort auf unsere Gebete so tief im Inneren oder so subtil, dass wir sie gar nicht bemerken – sie wird nicht von unserem Bewusstsein erfasst. Wenn wir aber ein Gewahrwerden der göttlichen Gnade geschenkt bekommen, wird das innere Gespräch der Seele mit ihrem Schöpfer ins Bewusstsein gebracht. Manchmal ist die Antwort unseres Geliebten ein Gefühl, ein erhöhtes

Gewahrsein, eine Intuition. Die Liebe öffnet vielleicht stärker unser Herz oder berührt das Herz eines anderen Menschen. Die Antwort kann auch in der äußeren Welt kommen, zum Beispiel als Synchronizität, die unsere Aufmerksamkeit fesselt, als Veränderung einer Situation oder als Heilung, die gegeben wird.

Spricht der Geliebte zu uns, deutet Er uns etwas an, dann wissen wir, dass wir der Liebe angehören und wir beginnen die Sicherheit dieser Zugehörigkeit zu fühlen. Die Antwort der Liebe bringt die Intimität dieser Beziehung mit. Sogar in der Zeit der Trockenheit, wenn unser Geliebter nicht zu uns spricht, bewahren wir die Erinnerung an Seine Worte. Wie die hl. Teresa sagt: „Diese Worte schwinden sehr lange nicht aus dem Gedächtnis." Hören wir dann durch Seine Gnade wieder Seine Worte, wissen wir, dass wir bekannt sind, nicht als Teil der großen Menschenmasse, sondern als Individuum mit unseren einzigartigen Qualitäten und Bedürfnissen. Unser Geliebter ist zu uns gekommen und hat uns erinnert, dass wir mit besonderer Fürsorge und Zärtlichkeit geliebt werden.

Wir beten zu unserem Geliebten, der uns antwortet. In dem Wissen, dass unsere Gebete gehört werden, erfahren wir das Wunder, dass die innere Verbindung der Seele zu Gott existiert, und zwar nicht als abstrakte Idee, sondern als lebendige Wirklichkeit. Erzählt zu bekommen, dass Gott für uns sorgt, ist etwas ganz anderes, als die Intimität und individuelle Natur dieser Fürsorge selbst zu erleben. Die Antwort auf unser Beten bringt uns die Verbindung der Seele mit ihrem Geliebten ins Bewusstsein, bringt sie in unseren Alltag. Wir glauben dann nicht mehr an Gott, wir *wissen*.

2

STUFEN des BETENS

Das mystische Gebet nimmt uns in eine immer intimere Beziehung mit unserer Seele und mit Gott. Die hl. Teresa von Avila bezeichnet Gebet und Meditation als das Tor in die Seelenburg. Sie vergleicht die Seelen ohne Beten mit Leuten, deren Körper gelähmt sind.[24] In ihrer Autobiographie *Das Buch meines Lebens* beschreibt sie vier Stufen des inneren Betens: Sammlung, Ruhe, Gotteinung und Ekstase. Sie benutzt für die Beschreibung dieser Stufen das Bild eines Gärtners, der seinen Garten bewässert. Zu Beginn muss der Gärtner eine große Anstrengung vollbringen, um das Wasser aus dem Brunnen hochzuholen. Doch langsam wird das Hochziehen des Wassers leichter, und der Gärtner muss sich immer weniger abmühen, bis es auf der letzten Stufe nicht einmal mehr einen Gärtner gibt, sondern nur den Herrn, der den Garten mit ergiebigem Regen tränkt.

Ist unser Herz erst einmal zu Gott hingewandt und zur Sehnsucht erweckt, versuchen wir unseren Weg nach Hause zu finden. Aber so oft ist der Pfad hart und steinig. Wir müssen alle Anstrengung aufbringen, auf das Ziel ausgerichtet zu bleiben, das so fern und unzugänglich erscheint, wenn wir den Geliebten, der uns gerufen und unser Herz zur Liebe zurückgebracht hat, nur als einen „Seufzer in der Seele“ kennen, eine Trauer und ein Sehnen nach etwas Unsichtbarem.

Alle Pilger ziehen über diese Straße, auf der die einzige Wahrnehmung vom Geliebten Abwesenheit ist, und unser Schmerz verstärkt unsere Isolation und Einsamkeit. In diesem ersten Stadium der Reise scheint der Schrei des Herzens endlos und unbeantwortet, wie der von Gerard Manley Hopkins: „Und meine Klage ist Schreie zahllos, Schreie wie unzustellbare Briefe, abgesandt dem Liebsten, der ach! ferne wohnt.“[25] Nur das in unserem Herzen brennende Feuer und das Wissen derer, die vor uns gegangen sind, halten uns dabei, einen Fuß vor den anderen zu setzen. Unsere Verzweiflung ist es, die uns vorantreibt.

Doch allmählich verändern sich der Pilger und der Pfad. Blumen tauchen zwischen den harten Steinen auf. Langsam fühlen wir die Nähe des Geliebten. Sobald die Schleier der Trennung dünner werden, beginnt uns anstelle göttlicher Abwesenheit jetzt göttliche Gegenwart nach Hause zu führen. Zuvor war es die Qual einer Welt ohne unseren Geliebten, die uns vorantrieb. Jetzt ist es die Zärtlichkeit einer Umarmung, die uns heimwärts zieht. Je mehr wir in die Gegenwart Gottes kommen, desto größer wird die Gnade, und schließlich wird der Pfad, der alle Mühen gekostet hat, mühelos, denn „wie können göttliche Dinge über Anstrengung erreicht werden? Sie werden *gegeben, eingeflößt* …“[26]

Sammlung

Die erste Stufe des Betens ist die Arbeit, unsere Aufmerksamkeit trotz all der Ablenkungen der Welt auf Gott gerichtet zu halten. Auch wenn unser Herz innerlich Gott zugewandt ist, vereinnahmt uns die Welt noch leicht mit ihren Verlangen und Versuchungen, die uns aus unseren uneingestandenen Bedürfnissen und dem Mangel an Erfüllung heraus verführen. Beten und Meditation erfordert Anstrengung und ständige Wachsamkeit. Die hl. Teresa beschreibt diese erste Stufe des Betens mit dem Bild vom Bewässern eines Gartens, wobei das Wasser mit großer Anstrengung aus dem Brunnen hochgeholt werden muss, eine Aufgabe, die so mühsam für den Gärtner ist, „dass er oft nicht einmal die Arme dazu hochbringt, noch wird er einen guten Gedanken fassen können." Anfängern dieses inneren Betens „ist es eine große Anstrengung, weil sie sich abplagen müssen, um die Sinne zu sammeln. Da diese es gewohnt sind, herumzustreifen, ist das eine ziemliche Anstrengung."[27]

Das ist der Prozess der Abkehr von der Welt, die Negation, bei dem die innere Aufmerksamkeit des Suchers von der äußeren Welt und den Wünschen des Egos abgezogen und auf den Geliebten hin ausgerichtet wird. In dieser Zeit werden wir oft von Zweifeln und Schwierigkeiten bedrängt, weil das Ego und der Verstand versuchen, uns zu behindern und von der Nutzlosigkeit der Suche zu überzeugen. Warum nach etwas Unsichtbarem suchen, das Opfer und Leiden verlangt, wenn diese Welt doch so viele sichtbare, greifbare Attraktionen bietet? Das Ego weiß, dass seine Identität und Autonomie bedroht sind, und es wird all seine Fähigkeiten auffahren, alle nur erdenklichen Verwirrungen und Probleme zu kreieren, um uns vom Weg abzubringen. Hinzu kommt, dass das Ego, da es der zentrale Teil unseres Bewusstseins ist, weiß, wie wir am besten in die Irre zu führen sind. Niemand kennt unsere Schwächen besser als unser kleines Selbst. Niemand kann uns leichter ablenken als unser Verstand.

Das Ego steht beharrlich zwischen dem Sucher und dem Licht, das im Inneren verborgen ist. Es blockiert den Einfluss, die Führung und die Hilfe der Seele. Es erzählt uns, wir seien zu schwach und nicht imstande, diese Reise zu machen. Wie die Vögel am Anfang von 'Attārs Fabel einer Suche *Vogelgespräche* bringt es zahllose Ausflüchte. Die Nachtigall sagt, sie sei nicht stark genug für solch eine Reise, ihre Liebe zur Rose sei genug. Die Ente meint schüchtern, sie könne die vertrauten Gewässer nicht verlassen und die Täler durchqueren, um zum Simurgh (dem Objekt der Suche) zu fliegen, während das Rebhuhn zu sehr an kostbaren Steinen hängt, dass es nicht daran interessiert ist, das wahre Juwel zu finden. Sie alle sagen, dass sie ihr ruhiges Leben nicht aufgeben wollten und zu schwach seien, um zum erhabenen Simurgh zu gelangen.

In 'Attārs Fabel ermutigt der Wiedehopf, der Führer der Vögel, diese, eher zu lieben als über sich selbst nachzudenken:

> *„Wer liebt, denkt nicht an sein eigenes Leben; um wahrhaft zu lieben, muss ein Mensch sich selbst vergessen, ob er nun Asket ist oder ausschweifend. Stehen eure Wünsche nicht mit eurem GEIST in Einklang, opfert sie und ihr werdet ans Ende eurer Reise gelangen. Wenn der Körper der Begierde euch den Weg verstellt, werft ihn von euch. Dann richtet euren Blick nach vorn und besinnt euch.“*[28]

Die Liebe ist das Verlangen des Herzens und kann uns helfen, das Verlangen des Egos zu überwinden. Wie der Apostel Paulus sagt: „Die Liebe erträgt alles",[29] sie verleiht uns die Kraft, die Schwierigkeiten, Zweifel und die Ungewissheit zu ertragen, die uns das Ego und der Verstand in den Weg stellen. Kennen wir uns als Liebende, dann kennen wir den Sinn unseres Opfers und können die Wüste durchqueren, die zwischen dem Ego und dem SELBST liegt.

Die Liebe hilft uns in Zeiten der Prüfung, unserer Essenz treu zu bleiben. Doch so oft scheint das Herz trocken oder verschlossen zu sein. So sagt die hl. Teresa in ihrer Beschreibung des Suchers in solch einem Zustand: „Was soll einer machen, der in vielen Tagen nichts als Trockenheit und Unlust und Widerwillen erlebt …"[30] Das ist die Zeit für Ausdauer, wenn es Willenskraft und Entschlossenheit braucht, um uns darüber hinwegzuhelfen. Auch Stolz kann hilfreich sein. Nicht der Stolz des Egos, der sagt, ich bin besser als andere, sondern die Würde des SELBST, die natürliche innere Größe des Menschen, der zu seinem leidenden Ego sagt: „Andere vor mir haben es geschafft, und ich bin nicht weniger als sie." Der spirituelle Pfad ist die herausforderndste Aufgabe, die ein Mensch angehen kann.

In dieser Wüste werden wir jedoch vorbereitet. Der Fokus unserer gesamten Psyche wird vom Ego zur Seele verlagert, vom Verstand zum Herzen. Die Trockenheit, die wir erfahren, ist eine Auswirkung unseres Befreitwerdens von äußerer Erfüllung, die mit dieser Verwandlung einhergeht. Wir setzen unser äußeres Leben fort, aber oft fühlt sich das so sinn- und zwecklos an, und auch die innere Welt bringt keine Erfüllung. Im Inneren werden wir wieder mit unserer göttlichen Natur und dem tiefsten Sinn unserer Seele verbunden. Doch erst wenn der Prozess abgeschlossen ist, können wir die andere Sinnebene erfahren. In der Zwischenzeit leiden wir unter der Ödnis des Abgekoppeltseins von den alten Ego-orientierten Werten und müssen vertrauen, dass diese Verzweiflung einen höheren Sinn hat.

In dieser Zeit ist es, als hätte sich eine Tür hinter uns geschlossen und eine andere noch nicht geöffnet. Unsere alte Welt fasziniert uns nicht mehr; es kann sein, dass wir sogar unsere Freunde verlieren, wenn sich unsere Orientierung und unsere Interessen verändern. Und gleichzeitig scheint uns die innere Welt der Seele nicht zu nähren.

Auf dieser ersten Stufe, die Jahre andauern kann, fühlt sich das Leben leer an, denn wir werden ausgeleert und unsere Aufmerksamkeit wird auf eine Welt gerichtet, die wir noch nicht erkennen können. Wir werden zermahlen, bis wir dünn genug sind, dass wir durch die enge Tür passen, die sich zur spirituellen Dimension unseres Wesens öffnet.

Ruhe

Unsere Anstrengung, uns zu sammeln, unsere Ausrichtung auf das Jenseits und unser diszipliniertes Üben des Betens und der Meditation bilden den Faden, der uns durch diese trockenen Tage führt. Dann beginnt sich langsam und unmerklich die Szene zu verändern. Während wir heimwärts gehen – oft einen Schritt rückwärts auf zwei Schritte vorwärts –, kommt unser Geliebter auf uns zu. Und für jeden Schritt, den wir zur Liebe hin machen, macht die Liebe zehn Schritte auf uns zu. Anfangs wissen wir das nicht, so groß ist die scheinbare Entfernung zwischen uns. Aber eines Tages stellen wir fest, dass die Verzweiflung nicht länger da ist. Dafür gibt es jetzt ein Gefühl des Friedens, der unbemerkt Einzug gehalten hat; der Wind ist nicht mehr kalt und bitter, sondern sanft. Irina Tweedie beschreibt, wie sie das erlebte:

> *„Und so geschah es denn … Etwas stahl sich still und unbemerkt in mein Herz, und ich betrachtete mit Verwunderung, was sich da vollzog. Erst war es noch schwach, eine kleine, leicht flackernde, leuchtendblaue Flamme, und es hatte die unendliche Süße einer ersten Liebe, war wie eine von zarter Hand dargebrachte Gabe duftender Blumen und erfüllte mein Herz mit stillem Staunen und Frieden.*“[31]

Unser Geliebter, von dem wir so oft dachten, Er hätte uns betrogen, an dem wir zweifelten und verzweifelten, kommt zu uns, wenn wir soweit sind. Ohne unser Wissen hat uns die Öde der Wüste geöffnet. Wir haben unserem Geliebten gezeigt, dass wir als Liebende bereit sind, Entbehrungen zu ertragen und dass wir nicht zur Welt zurückkehren, nur weil Er uns verlassen zu haben schien. Der Geliebte hat uns zur Liebe gerufen und uns dann in der dunklen Nacht unserer Verzweiflung zurückgelassen. Wir haben herausgeschrieen wie der Dichter Hopkins: „Kein Schlimmstes, es gibt keins … Tröster, wo, wo ist Dein Trösten? Maria, Mutter unser, wo ist deine Linderung?“[32] Jeder unserer Schreie hat unseren Geliebten erreicht, unsere Gebete wurden gehört, doch die Liebe musste warten, bis wir verzweifelt genug waren. Wie einem Freund in einem Traum gesagt wurde: „Man muss den Punkt der völligen Verzweiflung erreichen.“ Denn nur dann kommt der Schrei des Liebenden wirklich aus der tiefsten Tiefe der Seele. Dann wird die Umklammerung des Egos durch die Not des Herzens gesprengt.

„Du wirst frei sein von der Falle deiner Existenz,
Wenn du durch spirituelle Not
Mit Füssen getreten wirst wie eine Matte
In der Moschee und in der Weinschenke.“[33]

Und doch ist diese Erfahrung der Verzweiflung und Transformation nicht ein einmaliges Ereignis, sondern ein Prozess, der sich viele Male wiederholt, wobei das Ego nach und nach seinen Halt verliert. Langsam sterben wir zur Welt hin, und jeder Tod ist schmerzhaft. Aber wenn das Ego unsere Aufmerksamkeit weniger bindet, ist mehr Raum für den Geliebten und für die göttliche Liebe da. Jedes Mal wird uns nach einer Periode der Finsternis zu unserem Erstaunen mehr geschenkt, als wir es uns überhaupt vorstellen konnten. Und jedes Mal wird es leichter, denn uns wird der Wert unseres Opfers bewusst – wir wissen, dass wir leiden, damit wir Ihm näher kommen. Al-Hallāj, der Sufi aus dem 10. Jahrhundert, der als Märtyrer der Liebe bekannt ist, verstand so tief die Beziehung zwischen Leiden und dem Geliebten, dass er sagen konnte: „Das Leiden ist Er selbst, während das Glücklichsein von Ihm kommt.“[34] In unserer Verzweiflung erleiden wir die schmerzhafteste Seelenqual der Trennung. Dann lüftet die Liebe einen Schleier und gewährt uns einen kurzen Blick auf unsere wahre Natur und die grenzenlose Zärtlichkeit, die unser Geliebter für uns hat. Wir fühlen etwas von der Süße des Funkens göttlicher Liebe, die jetzt in unserem Herzen und unserer Seele gegenwärtig ist. Wir fühlen uns genährt von diesem Licht, gehalten von dieser Liebe. Es ist ein Geschenk von unserem Geliebten – unerwartet und unendlich kostbar. Beten beginnt eine lebendige Präsenz in unserem Inneren zu sein statt einer mühevollen Sammlung. Mehr und mehr wollen wir tief in dieser süßen Stille ruhen.

In der Folge verändert sich das spirituelle Leben, und wir erfahren jetzt allmählich göttliche Gegenwart statt nur Abwesenheit. Haben wir erst einmal das Licht unserer göttlichen Natur flüchtig zu sehen bekommen, werden wir mit der Zeit blind für die Attraktionen dieser Welt. In dem strahlenderen Licht unserer göttlichen Natur wirkt das Ego schattenhaft und unwirklich. Wir lehnen die Welt nicht ab; vielmehr fällt sie fort, und wir beginnen in Gott zu ruhen. Die hl. Teresa beschreibt dies als die zweite Stufe des Betens, das Gebet der Ruhe:

> *„Hier beginnt die Seele sich zu sammeln und rührt dabei schon an etwas Übernatürliches, das sie allerdings in keiner Weise selbst erreichen kann … Sobald die Seele auf dieser Stufe angelangt ist, beginnt sie ihr Verlangen nach irdischen Dingen zu verlieren – und das ist wahrhaftig kein Wunder! Sieht sie ja klar und deutlich, dass man ein solches Wohlgefühl auch nicht für einen Augenblick hier auf Erden erfahren kann und dass es weder Reichtümer, noch Herrschermacht, noch Ehren, noch Wonnen gibt, die auch nur einen Augenaufschlag lang dieses Glücksgefühl gewähren. Denn dies ist echt, und man erlebt, dass es wahrhaft beglückt und uns befriedigt.“*[35]

In diesem Stadium hat der Sucher begonnen, sich Gott hinzugeben, der jetzt übernimmt. In der Symbolik der hl. Teresa vom Bewässern des Gartens muss der Gärtner nun nicht mehr mühselig das Wasser mit den Armen aus dem Brunnen hochziehen, sondern „hat einen Mechanismus aus Schöpfrad und Wasserbehältern, womit der Gärtner mit weniger Anstrengung mehr Wasser fördern und ausruhen kann, statt ständig zu arbeiten“[36].

Vereinigung

Allmählich lernen wir, uns unserem Geliebten hinzugeben, so dass wir in das Mysterium der Liebe eingelassen werden können. Die hl. Teresa zitiert *Das Hohelied,* dieses Gedicht mystischer Liebe aus der Bibel: „Der König brachte mich in seinen Weinkeller und sein Banner über mir war Liebe." Sie erläutert das so:

> *„Doch durch eigene Anstrengung können wir nicht hineinkommen. Seine Majestät muss uns hineinbringen und dann Selbst in die Mitte unserer Seele eintreten. Und um uns Seine Wunder besser zu zeigen, will Er nicht, dass wir daran weiter beteiligt sind als nur mit dem Willen, der sich Ihm völlig hingegeben hat."*[37]

Diese Entwicklung des Betens, diese Liebesbegegnung, geschieht durch Gnade und nicht durch Anstrengung. Am verborgenen Ort des Herzens öffnet sich die Seele dem Geliebten, und der Geliebte antwortet gemäß Seinem Willen, wie *das Hohelied* dies so leidenschaftlich ausdrückt:

> *„Ich schlief, doch mein Herz war wach. Horch, mein Geliebter klopft und sagt: ‚Tu mir auf, meine Schwester, meine Freundin, meine Taube, meine Makellose! Mein Haupt ist voll Tau und meine Locken voll nächtlicher Tropfen.' [...]*
>
> *Ich erhob mich, meinem Geliebten zu öffnen; meine Hände tropften von Myrrhe, meine Finger von süß riechender Myrrhe, die über die Griffe des Riegels rann.*
>
> *Ich öffnete meinem Geliebten, doch mein Geliebter war weg, war entschwunden.*

Da ging meine Seele heraus nach seinem Wort. Ich suchte ihn, aber ich fand ihn nicht. Ich rief, aber er antwortete nicht."[38]

Wenn der Geliebte gegenwärtig ist, erfährt der Liebende eine Seligkeit, die häufig eine erotische Qualität hat, und der Liebende ist immer der vom Geliebten erfüllte Empfangende. Wenn der Geliebte abwesend ist, wartet unser Herz. In beiden Fällen ist die innere Haltung des Liebenden weiblich. Es ist ein Zustand der Hingabe, über den der Geliebte in das Herz und das Leben des Liebenden eintreten kann, wann es Ihm beliebt. Auf der tiefsten, leidenschaftlichsten Ebene ist diese Hingabe ein Zustand der Selbstentäußerung, bei dem unsere Seele sich vollständig dem Geliebten dargebracht hat. Mit den Worten der hl. Teresa:

„*… Da diese Seele sich schon in Seine Hände gibt und die große Liebe sie so ergeben sein lässt, dass sie nichts anderes mehr weiß oder will, als dass Gott mit ihr mache, was Er nur möchte (denn so, wie ich mir das denke, wird Gott diese Gnade niemals einer Seele erweisen, die Er nicht schon sehr als seine eigene betrachtet) …*"[39]

Der Liebende wird zur Braut des Geliebten, gehört nur noch Ihm. Der Geliebte ist unsichtbar, aber ewig gegenwärtig und erzählt der Braut von den Geheimnissen der Liebe, die nur Liebende miteinander teilen. In der Tiefe des Herzens erzählt uns die Liebe alles, was wir wissen müssen, nicht mit Worten, sondern „geflüstert in dem sprachlosen beredten Schweigen Gottes."[40] Es ist die Braut, welcher der Geliebte die Mysterien der Liebe enthüllt, denn es ist die innere weibliche Haltung der Hingabe, die es dem Liebenden ermöglicht, den Geliebten als lebendige Wirklichkeit im Herzen zu gebären.

Werden wir immer tiefer in diese innere Kommunion im Beten gebracht, wünschen wir uns nichts weiter, als in diesem Zustand zu bleiben. Wir werden von innen genährt, unsere sehnlichsten Bedürfnisse sind erfüllt, unsere Seele ist zufrieden. Manchmal sträuben wir uns, aus diesen Zuständen zurückzukehren und die Augen wieder für die äußere Welt mit ihren vielen Anforderungen und Schwierigkeiten zu öffnen. Wir wünschen uns, innerlich absorbiert, im Gebet versunken zu bleiben.

Diese Vereinigung der Seele mit Gott gehört bei der hl. Teresa zur dritten Stufe des Betens. Statt des Mechanismus von Schöpfrad und Wasserbehältern nutzt der Gärtner das Wasser eines Flusses oder einer Quelle. Diese dritte Gebetsstufe ist eine Erweiterung des Gebets der Ruhe. Doch statt nur nach innen in einen Zustand der Ruhe genommen zu werden, finden hier unser inneres und äußeres Leben zusammen:

> *„Im Gebet der Ruhe … gibt sich die Seele, die sich weder rühren noch bewegen möchte, jener heiligen Untätigkeit der Maria hin. In diesem Gebet [der Vereinigung] kann sie zugleich auch Martha sein [Lk. 10:38–42]. Also verbindet sie gewissermaßen das tätige mit dem kontemplativen Leben und kann, während der Wille mit Gott vereinigt ist, auch mit Werken der Nächstenliebe und ihren Berufsgeschäften und mit Lektüre sich befassen. Gleichwohl sind Verstand und Gedächtnis nicht ganz Herr ihrer selbst und fühlen es gut, dass der vorzüglichere Teil der Seele anderswo sich befindet. Es ist gerade so, wie wenn wir mit jemand reden, während zugleich auch ein anderer zu uns spricht, so dass wir weder beim einen noch beim anderen richtig dabei sein können.“*[41]

Diese Vereinigung der Seele umfasst unser ganzes Leben. Innerlich warten wir immer und lauschen in unser auf Gott eingestimmtes Herz. Wir sind wie ein Stück Wachs, das auf eine Prägung wartet:

> *„Denn wahrlich, die Seele vollbringt dort nicht mehr als das Wachs, wenn jemand ihr das Siegel aufdrückt. Das Wachs drückt es sich nicht selber auf, es ist nur bereit, die Prägung zu empfangen, das heißt: weich; und um dieser Bereitschaft willen macht es sich auch nicht noch weicher, sondern ist ruhig und lässt es geschehen.“*[42]

Diesen Zustand der Empfänglichkeit der Seele müssen wir auch in unserem Alltag leben. Was immer unsere äußeren Aktivitäten sein mögen, unser Herz ist innerlich wachsam. Das macht jedoch das tägliche Leben keineswegs leichter, denn unsere Aufmerksamkeit ist ständig woanders. Auch wenn wir uns mit äußeren Dingen befassen, ist doch, wie die hl. Teresa sagt, „der vorzüglichere Teil der Seele anderswo“, und wir fühlen uns, als wären wir mit jemand im Gespräch, „während zugleich auch ein anderer zu uns spricht, so dass wir weder beim einen noch beim anderen richtig dabei sein können.“

Die Aufgabe des Mystikers ist es, in beiden Welten zu leben. Wie sehr uns auch die äußere Welt in Anspruch nehmen mag, wir bleiben innerlich in einem Zustand des Betens, wir bleiben mit Gott. Diese Praktik des unablässigen inneren Betens wird auch im Koran beschrieben: „Männer, die weder Handel noch Gewinn abhält von dem Gedanken an Allāh.“[43] Und für den Sufi gilt die Leitlinie: „Äußerlich bei den Menschen sein und innerlich mit Gott.“[44] Wir leben inmitten der Normalität wie auch der Dramen und Schwierigkeiten unseres Alltags, leben mit unseren Familien und unserem Beruf. Doch zugleich bleiben wir innerlich wach und unser Herz ist aufmerksam für die Bedürfnisse unseres Geliebten.

Ekstase

Der Liebende ist bestrebt, sowohl im inneren wie auch im äußeren Leben aufmerksam für den Geliebten zu sein, was der hl. Johannes vom Kreuz als einen mühelosen Zustand beschreibt:

> *„[Wir] müssen zufrieden sein mit einer liebenden, friedlichen Aufmerksamkeit auf Gott hin und ohne die Sorge, die Anstrengung und das Verlangen leben, Ihn zu schmecken oder zu fühlen. Alle diese Wünsche beunruhigen die Seele und lenken sie ab von der friedvollen Ruhe und süßen Muße der Kontemplation, die ihr vermittelt wird.“*[45]

Man kann nämlich nur völlig aufmerksam sein, wenn man ohne Wunsch ist, sogar ohne den Wunsch, mit Gott zu sein. Meister Eckhart beschreibt das als die wahre spirituelle Armut: „Solange du noch irgendein Verlangen hast, den Willen Gottes zu erfüllen und irgendeine Sehnsucht nach der Ewigkeit Gottes, solange bist du nicht wirklich arm.“[46] Wenn unsere Aufmerksamkeit vollständig auf den Geliebten ausgerichtet sein soll, dürfen wir nichts mehr für uns selbst wollen.

Je aufmerksamer wir innerlich für den Geliebten werden, desto umfassender ist die göttliche Liebe an unserem Alltag beteiligt. Das Herzensgebet durchströmt unser Leben und wird zur Grundlage unseres Bewusstseins. Indem wir aufmerksam sind, ermöglichen wir der göttlichen Gnade, unser Leben zu erfüllen. Diese Gnade ist es, die unser Leben so verändert, dass wir den Geliebten in uns aufnehmen können statt Ihn auszuschließen. Wir lernen mit der Liebe zu leben; wir erfahren ihre Geheimnisse, wie sie im Herzen und in der Welt wirkt. Unsere eigene Anstrengung, die Mühe der „Sammlung", richtet uns auf den Strom der Liebe aus, der zwischen dem Schöpfer und der Schöpfung fließt. Doch sind wir erst verbunden, offenbart diese Energie mühelos die Geheimnisse in unserem Herzen und in der Schöpfung.

Zuerst sind wir uns der Gegenwart des Geliebten und Seiner Teilnahme an unserem Leben nicht bewusst, teils weil wir uns so daran gewöhnt haben zu denken, Gott ist außerhalb von uns. Auch die spirituelle Suche hat uns dazu gebracht, immer Ausschau zu halten und zu streben, so dass wir dazu neigen, unsere Aufmerksamkeit von dem abzuwenden, was gegenwärtig ist. Aber das Herzensgebet bringt uns immer wieder zum Mittelpunkt unserer Seele und lehrt uns die Wahrheit des Einsseins.

Ist der Liebende mehr und mehr in dem Geliebten versunken, nimmt die Erfahrung des Einsseins, des Verschmelzens mit Gott, zu. Doch lassen sich die Zustände der vierten Gebetsstufe nicht mit dem normalen Verstand erfassen oder beschreiben. Es kann aber für den Verstand hilfreich sein zu wissen, dass er nicht in der Lage ist, sie zu verstehen. Dann wird er sich williger diesen Zuständen des Nichtwissens hingeben. Wie die hl. Teresa erklärt: „Wir wissen, indem wir nicht wissen" und weiter ausführt:

> *„Der Wille ist zweifelsohne ganz mit Lieben beschäftigt, versteht aber nicht, wie er liebt. Wenn der Verstand erkennt, so versteht er doch nicht, wie er erkennt; wenigstens kann er von dem, was er erkennt, nichts begreifen. Mir scheint aber nicht,*

dass er erkennt; denn, wie gesagt, man merkt nichts davon. Ich kann mir über diesen Punkt nicht klar werden."[47]

Das Gebet der Vereinigung wird zu einem Zustand zunehmenden Aufgehens in Gott. Die hl. Teresa sagt in ihrem Versuch, die vierte Gebetsstufe zu beschreiben, dass die Seele dabei völlig in Gott aufgelöst ist. Ohne Subjekt oder Objekt gibt es „Genuss, ohne jedoch zu verstehen, was man genießt."[48] In dieser Hinsicht gibt es keine eigenständige Identität, und so ist da auch niemand, der sich anstrengen könnte. In ihrer Metapher vom Bewässern des Gartens gibt es keinen Gärtner mehr, nur den Herrn Selbst, und „der Regen fällt im Überfluss, diesen Garten mit Wasser zu tränken und zu durchfeuchten."

Allmählich werden wir nach all der Disziplin und inneren Arbeit mit der leeren Stille vertraut, die im innersten Kern unseres Wesens ist. Hier vollzieht sich das Gebet der Vereinigung – ein Beten, das nicht aus einem Verlangen oder Bedürfnis heraus entsteht, sondern ein Zustand des Eintauchens in Gott ist. Entzückt von der Liebe kann es scheinbar endlose Momente der Ekstase geben, die wir in unserem ganzen Wesen – in der Seele wie auch im Körper – fühlen. Das mag Seligkeit sein, Wonne oder die Urleere des Nichtwissens. Der Liebende ist dann in solch einem Ausmaß im Geliebten aufgelöst, dass manchmal überhaupt kein Bewusstsein mehr da ist. Man weiß nur, man ist von der Liebe genommen worden. Oft kehrt man fassungslos und verwirrt aus diesen Zuständen zurück.

'Attār beschreibt in seinen *Vogelgesprächen* diese Stufe als das Tal des Erstaunens und der Verwirrung. Er veranschaulicht es mit der Geschichte der Prinzessin, die sich in ihren Diener verliebt. Nachdem der Sklave einen Becher Wein mit einem Betäubungsmittel getrunken hat, trägt man ihn in ihr Gemach, wo er die

Nacht in Seligkeit mit ihr verbringt. Dann wird ihm wiederum ein einschläfernder Trank gegeben, und er erwacht erst wieder auf seinem Lager. Er versteht nicht, was geschehen ist:

> *„Ich bin in großem Aufruhr, denn was ich gesehen habe, ist mir widerfahren, während ich in einem anderen Körper weilte. Ich hörte nichts und vernahm doch alles; ich sah nichts und erkannte doch alles … Was kann verwirrender sein als etwas, das weder offenbar noch verborgen ist? Was ich gesehen habe, kann ich nie wieder vergessen; und doch habe ich keine Ahnung, wo es sich zugetragen hat. Eine ganze Nacht lang ergötzte ich mich mit einer Schönheit, die ohnegleichen ist. Wer oder was sie ist, weiß ich nicht. Mir bleibt nur die Liebe; das ist alles. Aber Gott kennt die Wahrheit.“*[49]

In der stillen Nische des Herzens erfährt der Liebende die Wahrheit: Es gibt nur ein Gebet, das der ganzen Schöpfung zugrunde liegt – das Gebet, in dem der Geliebte gegenwärtig ist, doch nicht als persönlicher Gott oder Schöpfer, sondern als etwas Unbeschreibliches und zugleich doch Intimes. In diesem Wiedererkennen im allerinnersten Herzen erkennt der Liebende den Geliebten als etwas, das untrennbar von ihm ist. Und in diesen Momenten des Aufgelöstseins existiert nur der Geliebte. Dieses ursprüngliche Gewahrsein des Herzens ist die Grundlage allen Betens und Lobpreisens. Mit Rūmīs Worten:

> *„Nun werde still und geh den Weg des*
> *Schweigens zum Nicht-Sein hin –*
> *Wenn du nicht-seiend wirst, so wirst du*
> *gänzlich zu Lob und Preis.“*[50]

Durch das Herzensgebet öffnet sich der Liebende innerlich zur Stille der Seele, wo der Geliebte ewig gegenwärtig ist. Hier treffen sich der Liebende und der Geliebte, und der Liebende gibt sich der Leere hin. In der Formlosigkeit der Liebe versinken wir tiefer und tiefer, bis wir so verloren sind, dass nur die Ekstase des Nichtwissens übrig bleibt. Der anonyme Autor von der *Wolke des Nichtwissens* beschreibt dies als die „höchste Stufe kontemplativen Lebens“, die „ganz im Dunkel in ‚der Wolke des Nichtwissens‘ steht; mit reinem Liebesbegehren und blindem Schauen auf das nackte Sein von nur Gott Selbst.“[51]

3

DAS JESUSGEBET und der DHIKR

Es gibt im Christentum eine weitere Form des Herzensgebets für das sich eine Entsprechung in der Sufi-Tradition findet. Dies ist das „Jesusgebet", das in der orthodoxen Kirche[52] praktiziert wird und tiefreichende Gemeinsamkeiten mit der Sufi-Praktik des *Dhikr* aufweist, der Wiederholung eines heiligen Wortes oder Satzes, insbesondere des Namens Gottes.

Die äußere Form des Jesusgebets ist das einfache ständige Wiederholen des Satzes: „Herr Jesus Christus, Sohn Gottes, erbarme Dich meiner." Es gibt auch Variationen. So kann es zu „Herr Jesus Christus, hab Erbarmen mit mir" oder „Erbarmen mit uns" verkürzt werden oder erweitert, indem man am Ende die Worte „einem Sünder" hinzufügt. Dieses Gebet kann auf zweierlei Weise ausgeübt werden. In der „freien" Form dieser Praktik werden die Worte den ganzen Tag über wiederholt, soweit es die äußere Beschäftigung zulässt. Beim Gehen, bei Aufgaben, die nicht die volle Konzentration erfordern, kann man innerlich das Gebet wiederholen und so dafür sorgen, dass kein Moment spiritueller

Übung verloren geht – „die Hände bei der Arbeit, Geist und Herz mit Gott." Das Jesusgebet kann auch „strenger" praktiziert werden, wenn man allein ist und die volle innere Aufmerksamkeit auf das Beten zu richten vermag, so dass es einen tiefer nach innen bis schließlich ins Herz nimmt, welches die wahre Heimstatt des Gebets ist.

Der Sufi-*Dhikr* ist äußerlich ebenfalls ein ständiges Wiederholen. Das kann die *shahāda* sein: *„Lā ilāha illā 'llāh"* (Es gibt keinen Gott außer Gott), doch oft ist es einer der Namen oder Attribute Gottes. Es heißt, Gott hat 99 Namen, und an erster Stelle von ihnen steht Allāh. Allāh ist Sein größter Name und enthält alle Seine göttlichen Eigenschaften. In einigen Sufi-*Tarīqas* (Pfaden) wird bei Gruppentreffen der *Dhikr* laut gesungen, oft begleitet von Trommeln oder Musik, was eine machtvoll dynamische und berauschende Wirkung hat. Im Naqshbandi Sufi-Orden wird er still ausgeführt und kann sowohl durch den Tag als auch zu Zeiten fokussierter innerer Sammlung wiederholt werden.[53] Die Naqshbandi-Praxis des stillen *Dhikr* kommt der Praxis des Jesusgebets der orthodoxen Kirche am nächsten. Manchmal unterstützt eine Gebetskette das Wiederholen des *Dhikr,* ähnlich dem Gebetskranz der orthodoxen Mönche.[54]

Die Bedeutung, die die Sufis dem Wiederholen des Gottesnamens beimessen, wird in der Geschichte des Sufis von Nishapur aus dem 11. Jahrhundert, Abū Sa'īd ibn Abī'l-Khayr, veranschaulicht, dessen Herz geöffnet wurde, als er den Vers aus dem Koran hörte: „Sag Allāh, dann überlass sie ihren törichten Vergnügen." Abū Sa'īd zog sich daraufhin in die Nische des Gebetsraums seines Hauses zurück und wiederholte sieben Jahre lang „Allāh! Allāh! Allāh!" … „bis zuletzt jedes meiner Atome ‚Allāh! Allāh! Allāh' schrie." Am Tag bevor er zum ersten Mal den Vers hörte, war er mit Shaikh Abū'l-Fadl Hasan zusammen, und als der Shaikh ein Buch aufnahm und es zu studieren begann, fragte sich Abū Sa'īd, war er doch ein Student, unwillkürlich, was für ein Buch dies sein könnte. Der Shaikh fing diesen Gedanken auf und sagte:

> *„Abū Sa'īd! Alle hundertvierundzwanzigtausend Propheten sind ausgesandt worden, ein einziges Wort zu verkünden. Sie ließen die Leute ‚Allāh' sagen und sich Ihm widmen. Wer dieses Wort allein mit dem Ohr hörte, ließ es durch das andere Ohr wieder hinaus; doch jene, die es mit ihrer Seele hörten, prägten es in ihre Seelen ein und wiederholten es, bis es ihre Herzen und Seelen durchdrang und ihr ganzes Wesen zu diesem Wort wurde. Sie wurden unabhängig davon, das Wort auszusprechen, sie wurden vom Klang und Buchstaben entbunden. Und als sie die spirituelle Bedeutung dieses Wortes erfassten, gingen sie so vollständig darin auf, dass sie sich ihrer eigenen Nicht-Existenz nicht mehr bewusst waren."*[55]

Durch die Praktik des *Dhikr* strebt der Sufi danach, Gott in jedem Augenblick mit jedem Atemzug zu erinnern. Dieses Erinnern gehört nicht zum Verstand. Es ist kein Akt des mentalen Besinnens, sondern ein Erinnern des Herzens, ein Gewahrwerden unseres innersten Zustands des Einsseins mit Gott. Das Üben des *Dhikr* kann anfangs zwar ein mentales Wiederholen des Gottesnamens sein, aber der göttliche Name nimmt uns tief in unser Herz, wo er uns hilft, das verborgene Geheimnis des göttlichen Einsseins ins Bewusstsein zu bringen:

> *„Es gibt verschiedene Stadien des Erinnerns, und jedes hat seine eigene Weise. Bei einigen verleiht man der Erinnerung*

nach außen hin mit hörbarer Stimme Ausdruck; bei anderen fühlt man sie innerlich, von der Mitte des Herzens her. Am Anfang sollte man das, was man erinnert, in Worten ausdrücken. Dann breitet sich, Stufe um Stufe, das Erinnern im ganzen Wesen aus – steigt hinab zum Herzen und darauf zur Seele hinauf. Und noch weiter dringt es in das Reich der Geheimnisse vor, gelangt dann zum Verborgenen und zum Verborgensten des Verborgenen. Wie weit das Erinnern vordringt, welche Ebene es erreicht, hängt einzig davon ab, wie weit Allāh jemand in Seiner Güte führt."[56]

Dem vergleichbar gibt es in der orthodoxen Kirche drei Stufen des Betens: Das „Gebet der Lippen (gesprochenes Gebet), das Gebet des *nous,* des Verstandes oder Intellekts (mentales Gebet) und das Gebet des Herzens."[57] Das Jesusgebet kann:

„...wie jedes andere Gebet [beginnen] als mündliches Gebet, in dem die Worte von der Zunge durch bewusste Willensanstrengung gesprochen werden ... Im Laufe der Zeit und mit Gottes Hilfe wird unser Gebet innerlicher ... [bis] der Name still angerufen wird, ohne jede Lippenbewegung, nur durch den Geist. Wenn das geschieht, sind wir durch Gottes Gnade von der ersten Stufe zur zweiten gelangt ... Doch die Reise nach innen ist noch nicht abgeschlossen ... Um diese Reise nach innen zu vollenden und das wahre Beten zu erreichen, ist es erforderlich, dass wir in dieses ‚absolute Zentrum' eintreten, das heißt, vom Intellekt zum Herzen hinuntersteigen."[58]

Nur im Herzen wird die Anrufung des Namens vollständig lebendig, wird das Gebet des Pilgers zum Gebet des Anderen, zum Gebet Jesu, das jetzt im Herzen erwacht ist. Der Autor von *Der Weg eines Pilgers,* der seine Wanderung mit der Praxis des Jesusgebets schildert, schreibt: „Einst früh am Morgen war es so, als habe mich das Gebet geweckt."[59] Aus der Anstrengung der anfänglichen Übung entsteht das „automatische" Beten. Der Name wiederholt sich selbstständig; das Geheimnis vom „Beten ohne Unterlass" beginnt sich im Herzen zu vollziehen.[60] Es wird jedoch betont, dass dieses Erwachen des Herzensgebets nicht über Anstrengung oder Willenskraft zu erreichen ist, sondern durch die Gnade Gottes.

Mit dem Wiederholen Seines Namens gedenken wir Seiner, und zwar nicht nur im Geist, sondern auch im Herzen, und für den Sufi kommt der Zeitpunkt, an dem jede Zelle des Körpers den *Dhikr* wiederholt, Seinen Namen wiederholt. Es heißt: „Zuerst machst du den *Dhikr* und dann macht der *Dhikr* dich." Inmitten der Aktivitäten des Alltags hält man vielleicht kurz inne und entdeckt, dass der Name Gottes in einem gesagt wird, oder man wacht nachts auf und erlebt, wie das Herz den Namen des Einen, den man liebt, spricht. Der *Dhikr* wird allmählich Teil unseres ganzen Wesens, unseres bewussten und unbewussten Selbst, bis er in unserem Blutstrom singt. Dies ist so schön (und buchstäblich!) in einer alten Sufi-Geschichte dargestellt:

> *„Sahl sagte zu einem seiner Schüler ‚Bemüh dich einen ganzen Tag lang ohne Unterlass O Allāh! O Allāh! O Allāh! zu sagen und tu dies auch am nächsten und übernächsten Tag, bis es dir zur Gewohnheit geworden ist.' Dann hieß er ihn, dies auch in der Nacht zu tun, bis es dem Schüler schließlich so vertraut wurde, dass er es sogar im Schlaf wiederholte. Dann sagte Sahl:*

‚Wiederhole den Namen Gottes nicht mehr bewusst, doch lass alle deine Sinneskräfte darin aufgehen, Seiner zu gedenken.' Der Schüler tat dies, bis er im Gottgedenken versank. Eines Tages fiel ihm ein Stück Holz auf den Kopf und schlug ihm den Schädel auf. Die Blutstropfen, die auf den Boden fielen, formten die Worte ‚Allāh! Allāh! Allāh!'"[61]

Die christlich-orthodoxe Tradition drückt es recht ähnlich aus, wie das Wiederholen des Gottesnamens das ganze Wesen des Praktizierenden durchdringt: „Wie ein Tropfen Tinte, der auf Löschpapier fällt, sollte der Akt des Betens sich stetig über das bewusste und verstandesmäßige Zentrum des Gehirns hinaus ausbreiten, bis es jeden Teil von uns in sich aufnimmt."[62]

Innere Transformation

In beiden Traditionen ist die Weise, wie der Name Gottes den Pilger immer mehr durchdringt, nicht als Metapher zu verstehen, sondern als buchstäbliches Geschehen. Mit dem anfänglichen mentalen Repetieren beginnt ein Prozess, bei dem der Name tief nach innen in unsere Psyche geht. Da er in den Tiefen unseres Wesens wirkt, verändert er unseren mentalen, emotionalen und sogar physischen Körper – alles wird mit der Energie des Namens erfüllt. Auf der mentalen Ebene ist diese Veränderung leicht zu erkennen. Normalerweise folgt unser Verstand in unserem Alltag einem automatischen Denkprozess, über den wir meist sehr wenig Kontrolle haben. Der Verstand denkt uns statt umgekehrt. Man beobachte einmal für kurze Zeit seinen Verstand und verfolge seine Gedanken. Jeder Gedanke erschafft einen neuen Gedanken, jede Antwort eine neue Frage. Und da die Energie dem Gedanken folgt, ist unsere mentale und psychische Energie in viele Richtungen zerstreut. Spirituelles Leben heißt, „einspitzig" zu werden, all unsere Energie in eine Richtung zu fokussieren – auf den Einen hin. Indem wir Seinen Namen wiederholen, verändern wir die Furchen unserer mentalen Konditionierungen, die Rillen, die sonst, wie bei einer Schallplatte, die wieder und wieder dieselbe Melodie spielt, uns dieselben Muster wiederholen lassen und uns in unseren mentalen Gewohnheiten festhalten. Das Jesusgebet oder der *Dhikr* ersetzt allmählich diese alten Furchen durch die einzige Furche des göttlichen Namens. Mit den Worten des hl. Theophan, des Klausners: „Um das ständige Gedränge deiner Gedanken anzuhalten, musst du den Verstand mit einem einzigen Gedanken fesseln oder mit dem Gedanken an den Einzigen Einen."[63]

Die Wirkung des Gebets oder des *Dhikr* auf unsere Psyche ist mysteriöser. Ein Ausspruch des Propheten Mohammed lautet: „Es gibt für alles ein Poliermittel, das den Rost entfernt; und das Poliermittel für das Herz ist die Anrufung Allāhs." Der Gottesname ist ein machtvoller Wirkstoff für die innere Transformation. Er ist wie ein Katalysator im inneren alchemistischen Prozess, der unser Blei in Gold verwandelt. Sein ständiges Wiederholen geht tief ins Unbewusste, wo er läutert und umwandelt. Dieser Prozess hat teilweise die Funktion, unsere Psyche auf unsere göttliche Natur hin auszurichten, die das wahre Mittel jeglicher Transformation ist. Psychologisch gesehen ist es das SELBST, das uns transformiert. Dieses Zentrum göttlichen Bewusstseins in uns arbeitet im Unbewussten und löst und befreit uns aus Komplexen und Mustern der Konditionierung. Ein Beispiel ist die deutliche Wirkung, die das Beten oder der *Dhikr* auf Furcht oder Ängste haben kann, Gefühle, von denen der Pilger auf dem spirituellen Pfad häufig heimgesucht wird. Gottes Namen zu wiederholen trägt dazu bei, diese Gefühle und die Macht, die sie über uns haben, aufzulösen.

Der Name Gottes kann auch auf eine bewusstere, gelenkte Weise benutzt werden. Meine Erfahrung hat mir gezeigt, dass ich den *Dhikr* auf ein Problem oder eine psychologische Blockierung fokussieren kann, wodurch die Gefühle wie Schmerz, Zorn oder das jeweilige Problem von der Energie des göttlichen Namens gehalten werden. Die Gefühle können so an die Oberfläche kommen, ohne überwältigend zu sein. Allmählich transformiert die Energie des *Dhikr* diese innere Dunkelheit, indem es mich aus der Enge befreit und mir Zugang zu mehr Energie gibt und mehr inneren Raum für das Göttliche schafft. Ich habe entdeckt, dass diese Praktik am besten wirkt und sehr erdend ist, wenn ich gehe und der Rhythmus meiner Schritte im Rhythmus des *Dhikr* mich nach innen kehrt und auf die langsame, graduelle Arbeit des Polierens des Herzens ausrichtet.

Zum Teil liegt die große Kraft des Jesusgebets und des *Dhikr* in der Macht des Namens. In einer traditionellen oder heiligen Sprache enthält der Name die Essenz von dem, was benannt wird. Den Namen eines Menschen zu kennen, gibt einem Zugang zu dessen wahrer Natur, zu dessen Seele. Das ist der Grund, weshalb in traditionellen Kulturen oft ein Tabu besteht, jemandem, der kein enges Familienmitglied ist, seinen Namen zu sagen. Die magische Beziehung von Namen und Person zeigt sich in dem Märchen vom Rumpelstilzchen, das seine Macht verliert, als man seinen Namen weiß. Dieselbe Tradition wird in der Antwort des Engels Jahwes an Manoah deutlich: „Warum fragst du nach meinem Namen? Er ist geheimnisvoll.“[64]

Den Namen Gottes anzurufen, kann den Zugang zur Macht des Göttlichen eröffnen. Im Christentum werden Menschen durch den Namen Jesu geheilt, und die Kraft Seines Namens findet sich in Jesu Versprechen beim Letzten Abendmahl: „Wenn ihr den Vater um etwas bitten werdet, wird Er es euch in meinem Namen geben."[65] Die Wirkkraft des göttlichen Namens (in diesem Fall der Name des Vaters) wird auch im Vaterunser sichtbar: „Geheiligt sei Dein Name." Die ständige Wiederholung des göttlichen Namens, sei es der von Jesus, Gottvater oder Allāh oder jedes anderen Namens, mit dem wir das Göttliche anrufen, verbindet uns mit der Quelle göttlicher Energie und Macht, die in uns liegt. Ohne diese Energie kann es keine wirkliche Transformation geben.

Wir müssen uns immer im Klaren sein, dass diese Arbeit an der Seele etwas ist, das wir zusammen mit Gott tun. Den Namen des Einen, den wir lieben, zu wiederholen, erinnert uns an diese urewige Gemeinschaft, diese intime Freundschaft. Man könnte meinen, es sei langweilig, einen Namen ein Leben lang immer und immer zu wiederholen. Aber wie kann man des Namens des Einen, den man liebt, überdrüssig werden, des Namens des Einen, dem man angehört? Jede Wiederholung ist ein Darbringen der Liebe, ein Anerkennen dieser Liebesverbindung, die Allem innewohnt.

Der Atem

Das Jesusgebet wie auch der Dhikr werden beide häufig in Verbindung mit dem Atem praktiziert. Beim Jesusgebet wird oft der erste Teil: „Herr Jesus Christus, Sohn Gottes" mit dem Einatem gesagt und der zweite Teil: „erbarme Dich meiner" mit dem Ausatem.[66] Manche christlich-orthodoxen Lehrer raten jedoch davon ab, sich zu sehr auf den Atem zu konzentrieren und schlagen stattdessen vor, man solle „ruhig und stetig atmen".[67] Für den *Dhikr* ist der Atem von größerer Bedeutung – und die verschiedenen Sufi-Orden lehren unterschiedliche Atempraktiken in Verbindung mit der Wiederholung heiliger Worte. Im Naqshbandi-Orden wird bei der Wiederholung von Allāh mit dem Ausatem auf der Silbe „Al" begonnen, während „lāh" mit dem Einatem gesprochen wird.[68]

Der Atem ist zusammen mit dem Herzschlag der grundlegendste Rhythmus unseres Lebens. Mit jedem Atemzug bringen wir lebensnotwendigen Sauerstoff in unser Blut und unseren Körper. Der Atem ist auch ein zentrales Element vieler spiritueller Übungen. Die Naqshbandi-Sufis lehren, dass die Achtsamkeit auf den Atem die Basis innerer Arbeit ist. „Je mehr man sich seines Atems gewahr zu sein vermag, desto stärker ist das innere Leben."[69] Durch die Praxis des *Dhikr* sind wir uns eines jeden Atemzugs bewusst, der mit unserem Gottgedenken geprägt wird. Durch diese einfache, elementare Übung bringen wir unser Gewahrsein und Erinnern des Göttlichen in unseren Blutstrom, in unseren Körper, in unsere Psyche, in unser ganzes Leben.

Lange hat man auch angenommen, die Seele wohne im Atem, und auch heute noch stellt man sie sich manchmal als Atemkörper vor. Nach den Lehren der Naqshbandi-Sufis kommt die Seele mit jedem Ausatem in den Körper und mit dem Ein-atem kehrt sie in die spirituelle Dimension zurück. Das zeigt sich im Zyklus des *Dhikr,* dem bewussten Zurückkehren zu Gott in jedem Atemzug. So gibt es auf dem Naqshbandi-Pfad, der sich auf die ungeschaffene Leere oder das Nichts Gottes[70] ausrichtet, eine esoterische Übersetzung des Wortes Allāh als „das Nichts", mit der ersten Silbe „Al" als Artikel und der zweiten Silbe „lāh" als „Nichts". Mit dem Einatem vollzieht man eine bewusste Rückkehr ins Nichts, geht von der Welt der Form in die Welt der Formlosigkeit.[71] Der Praktizierende kann auch einen Augenblick der Seligkeit am Ende jedes Einatems erfahren, wenn die Seele zu ihrem natürlichen Zustand, unserem essentiellen Einssein mit dem Göttlichen, zurückkehrt.[72]

Der Atem ist die Brücke von der äußeren physischen Welt zu der inneren Welt der Seele. Während wir leben, reist die Seele mit jedem Atemzyklus in diese Welt und wieder zurück zu Gott. Der Mystiker trachtet danach, diese Reise bewusst zu machen. Diese Reise ist das gelebte Gebet der Seele, ein Darbringen unserer selbst an das Mysterium des Lebens und seine allumfassende Beziehung zu Gott. Indem wir den Namen des Einen, den wir lieben, wiederholen, verbinden wir bewusst die zwei Welten, die innere Welt des Geistigen und die physische Welt. Mit jedem Atemzug sind wir in der Liebesgeschichte gegenwärtig, welche die Beziehung zwischen Schöpfer und Schöpfung ist.

Unsere Arbeit, unsere Praxis und unser Beten bedeuten, das Band der Liebe zwischen Schöpfer und Schöpfung zu leben. Mit jedem Atemzug geht der Name in unser Herz, unseren Körper, in unser Blut, wo er uns läutert und leert und so mehr Raum für die Gegenwart des Göttlichen schafft.[73] Die Macht des Namens und seine Verbindung zu der Liebe, die Gott angehört, ist ein mystisches Geheimnis, denn er bekundet die Vereinigung zwischen Schöpfer und Schöpfung. Durch den Namen bringen wir den Bund, den wir immer schon mit unserem Geliebten hatten, ins Bewusstsein und werden uns der tieferen Geheimnisse unserer wahren Einheit gewahr. Unser Beten bringt die Prägung im Herzen in die Welt der Zeit und führt uns zugleich zurück zu Gott. Nach und nach werden wir uns der Tiefe unserer Verbindung, unseres Einsseins mit Gott, bewusst, welches schon ewig in unserem Herzen existiert.

Gebet der Schöpfung

Das Wiederholen im Herzen führt uns von den Formen und Bildern der äußeren Welt in die formlose Stille in uns. Auch wenn Worte wiederholt werden, erfahren wir doch eine Stille im Herzen, und wir lernen in dieser Stille zu ruhen. Und obwohl uns das Erinnern des Herzens in diesem inneren Zustand aufgehen lässt, umfasst es auch die äußere Welt. Diese Erfahrung wird in dem Buch *Der Weg eines Pilgers* beschrieben:

> *„Und wenn … ich mit meinem Herzen gebetet habe, erschien mir alles um mich herum köstlich und wunderbar. Die Bäume, das Gras, die Vögel, die Erde, die Luft, das Licht, alle schienen mir zu sagen, dass sie um des Menschen willen existierten, dass sie die Liebe Gottes zu den Menschen bezeugten, dass alles die Liebe Gottes zu den Menschen bewies, dass alle Dinge zu Gott beteten und Ihn priesen.“*[74]

Für den Sufi enthüllt die Anrufung Seines Namens das Geheimnis der Einheit im Herzen und im Leben, wie es in dem Koran-Vers heißt: „Wohin ihr euch wendet, dort ist Allāhs Angesicht“ (2:115). Alles ist ein Ausdruck, eine Manifestation des Einen Seins – es gibt nichts außer Gott. Wenn das Auge des Herzens sich öffnet, erleben wir alles mit göttlicher Präsenz erleuchtet. Dieses Licht hebt den Schleier vor der Schöpfung und gestattet uns, die wahre Natur des Lebens zu sehen und an ihr teilzuhaben – eine Liebesgeschichte, in welcher der Geliebte Sich durch die unzähligen Formen des Lebens offenbart. Der Mystiker vermag dann für kurze Zeit das Gebet wahrzunehmen, welches in der gesamten Schöpfung gegenwärtig ist, so wie Dhū`l-Nūn es bezeugt:

„Wer Gottes wirklich gedenkt, vergisst alles neben Ihm, denn alle Geschöpfe gedenken Sein, wie diejenigen bezeugen können, denen eine Offenbarung zuteil wird. Ich erfuhr diesen Zustand vom Abendgebet bis zum ersten Drittel der Nacht, und ich vernahm die Geschöpfe, die Gott mit so lauter Stimme priesen, dass ich um meinen Verstand fürchtete. Ich hörte, wie die Fische sagten: ‚Gepriesen sei der König, der Allerheiligste, der Herr.'"[75]

Das Jesusgebet und der Sufi-*Dhikr* mögen mit der Anstrengung beginnen, einen Satz oder ein Wort unablässig zu wiederholen, aber diese Worte dringen tief ins Herz, wo sie zu einer intimen Kommunion werden, wo die Macht des Namens den Einen herbeiruft, den wir lieben. Durch die Gegenwart der Liebe können wir dahin gelangen zu erfahren, wie das Gebet in unserem Herzen Teil des Gebets der gesamten Schöpfung ist, ebenso wie Sein Name in jeder Zelle der Existenz eingeschrieben ist. Das Wunder dieser Welt ist, dass sie Gott angehört, dass sie zu dem Einen mit Lobpreisen und Sehnsucht schaut und unaufhörlich das Sein des Göttlichen bestätigt. Das ganze Leben ist ein Lied des Erinnerns, wobei unser Herz, unsere Seele und unser Körper nur eine kleine Note der Liebe bilden.

4

DER KREIS der LIEBE

Das erste Gebet

Der mystische Pfad nimmt den Wanderer auf die Reise der Seele, die mit der Erfahrung des Getrenntseins von Gott und dem Erwachen der urewigen Sehnsucht der Seele, nach Hause zurückzukehren, beginnt und schließlich zur Erkenntnis der Einheit führt – dass Liebender und Geliebter eins sind und immer eins waren. Trennung ist eine vom Ego und seiner Identität als ein separates Selbst geschaffene Illusion. Die Reise heimwärts ist eine Rückreise, auf der wir zu diesem falschen Selbst hin „sterben" und unser essentielles Einssein mit Gott wiederentdecken. Wir durchwandern diesen Kreis der Liebe mit unseren Gebeten und unserer Hingabe und mit der tiefen Sehnsucht des Herzens, das ursprüngliche Geheimnis der Einheit zu erfahren, die der gesamten Schöpfung eigen ist.

Gebet ist ein zentraler Bestandteil dieser Reise, bei der wir uns vom Ego und seinen vielen Wünschen abwenden und tief ins Herz gehen. Hier betritt der Liebende den heiligen Raum, der zur intimsten Beziehung der Seele mit Gott gehört. Dies ist der Ort des wahren Gebets, wo wir allein mit unserem Geliebten sind. Unsere Gebete mögen mit Worten beginnen, wenn wir in unserem Herzen zu unserem Geliebten über unsere Sehnsucht, unsere Probleme, unsere Bedürfnisse sprechen. Doch im Laufe der Reise, wenn wir weiter und weiter in den Kreis der Liebe gezogen werden, schwinden uns die Worte und wir fangen an, die Wahrheit der Einheit zu schmecken. Und schließlich erkennen wir das Mysterium des Betens: Es war immer der Geliebte, der in unserem Herzen rief, es gab nur den Einen, der nach Sich Selbst schrie. Mit den Worten Rūmīs:

„Er ist es, der in mir an Seiner Abwesenheit leidet,
Der durch mich nach Sich Selbst ruft.
Der Liebe geheimnisvollstes und heiligstes
Mysterium –
Wir sind über alle Maßen nah.“[76]

Die wahre Eigenart des mystischen Gebets ist, uns in das allerintimste Mysterium der göttlichen Liebe zu ziehen. Der Mystiker erfährt, dass die Essenz des Gebets dieses verborgene Geheimnis des Herzens ist – dass es nur Einheit gibt. Denn wenn das Herz offen ist und zu Gott schaut, ist es für die Offenbarung der göttlichen Einheit – „ich bin Er, den ich liebe, Er, den ich liebe, bin ich“ – erweckt. Dieser Zustand des Betens ist ein Eintauchen und Verschmelzen, das den Verstand und seine Vorstellung von Dualität überschreitet: Das Herz überwältigt uns mit göttlicher Gegenwart, die jegliches Empfinden für uns selbst zerstört.

Diese Momente des Betens sind Momente der Vereinigung, in welcher der Liebende verloren geht. Wir haben den Schritt von der Küste unseres eigenen Daseins in das grenzenlose Meer unseres Geliebten getan. Wir bringen dieses Opfer aus liebender Hingabe und Selbstlosigkeit dar, aus dem Bedürfnis des Herzens, sein Geheimnis zu teilen. An der Küste stehend schreien wir unser Bedürfnis heraus, mit dem Geliebten zu sein, unser Bedürfnis, mit Ihm zu sprechen, unsere Sorgen und Freuden zu teilen. Aber wenn der Geliebte nahekommt, treten wir in das Meer der göttlichen Gegenwart, wo unsere Worte sich zusammen mit unserem Verstand verlieren, aufgelöst in der Einheit.

Offenbart uns die Liebe ihre wahre Natur, erfahren wir, es gibt weder Liebenden noch Geliebten. Es gibt niemand, der beten, und niemand, zu dem gebetet werden kann. Wir wissen noch nicht einmal, dass wir verloren gegangen sind; wir kehren aus diesen Zuständen des Verschmelzens zurück und wissen nur, dass wir uns weggegeben haben und genommen worden sind. Das Herschenken unserer selbst ist so vollständig angenommen worden, dass wir nichts von dieser Begegnung wissen. Wir haben zu unserem Geliebten geschaut und wurden von den Armen der Liebe umfangen, in der Einheit aufgenommen und in der innigen Nähe aufgelöst. So viele Jahre haben wir gerufen und gefleht, und als der Geliebte schließlich kam, war die Begegnung so intim, dass nichts von uns blieb, sie zu bezeugen.

Doch kehren wir aus diesem Aufgehen in der Einheit zurück und der Verstand umgibt uns wieder, können wir die Fußspuren sehen, die uns an diese Küste geführt haben, an diesen Ort, wo die beiden Meere zusammenkommen. Wir können Geschichten von der Reise erzählen, die uns an den Saum des grenzenlosen Herzensmeeres gebracht hat, von den Nächten voll unseres Rufens und der Tränen, die wir in unserem Sehnen geweint haben, von unserer Not, die für lange Jahre alles war, was wir kannten, eine

Not, geboren aus der Verzweiflung der Trennung, die tiefste Verzweiflung, welche die Seele kennt.

Diese Not war unser erstes Gebet, in die Seele eingepflanzt von dem Einen, der uns liebt, der uns will. Diese Not der Seele ist der Liebesbund, das Gelübde des Mystikers, Gott zu erinnern. Wir erwachen zu diesem Erinnern mit dem Wissen von unserem Vergessen, mit der Erfahrung des Getrenntseins. Wir müssen erfahren, dass wir von unserem Geliebten getrennt sind, dass wir Ihn vergessen haben. Diese Erfahrung bringt das Bedürfnis der Seele, nach Hause zurückzukehren, von der Trennung zur Vereinigung zu reisen, in unser Bewusstsein. Das erste Gebet ist das Seufzen der Seele, das Klagen der Rohrflöte, dass sie dem Schilfbett entrissen wurde und sich nach der Rückkehr sehnt.[77]

Dieses erste Gebet ist tief in uns. Oft fühlen wir es nur undeutlich, weil Verstand und Ego die Stärke seiner Botschaft blockieren. Verschüttet im Herzen, in der innersten Kammer, schreit der Liebende nach dem Geliebten und wir fühlen nur ein ersticktes Echo dieses Schreis als ein Unglücklichsein, als eine Unzufriedenheit. Subtil quält es uns. Und wir versuchen oft, dem zu entrinnen, von diesem uralten Kummer davonzulaufen. Die Welt ist voll von so vielen Ablenkungen, der Verstand und die Psyche voll von so vielen Mustern der Vermeidung. Doch allmählich oder, in einigen Fällen, plötzlich wissen wir, dass wir heimzukehren haben, dass wir unsere Sehnsucht anerkennen müssen; wir müssen das Beten des Herzens in unser Bewusstsein bringen.

Was im Herzen begann, gelangt jetzt zur Zunge: „Oh, Geliebter, hilf mir. Ich bin so allein und ich brauche Dich." Das Gebet ist dann bewusst gemacht. Wir leben dieses Gebet durch die Worte, die wir herausschreien. Mit all der Kraft der Sprache und ihrer Begrenztheit sprechen wir unsere Not aus und lernen dadurch unsere Verzweiflung kennen. Mit den einfachen Worten unserer Gebete holen wir den Schmerz der Trennung in unser Bewusstsein und flehen daraufhin noch mehr in dem tiefinneren Wissen, wir werden gehört: „Ich will antworten dem Ruf des Rufenden, so er Mich ruft." (Koran 2:186)

Dieses aus der Sehnsucht heraus geborene Gebet ist so einfach; es verleiht dem Schmerz im Herzen Ausdruck. Jeder von uns macht das Gebet auf seine Weise: Wir bringen den Seufzer der Seele in unser Leben. Und jedes Mal, wenn wir beten, jedes Mal, wenn unser Herz ruft, prägen wir dieses Sehnen stärker in unser Bewusstsein ein. Die Wirkung der Worte liegt darin, dass sie zu dieser Welt hier gehören, der Welt des Verstandes und des Egos. In der Dimension der Einheit gibt es keine Worte; Kommunikation ist dort Kommunion, ein Enthüllen der Einheit. In der Welt der Trennung brauchen wir Worte, sogar um zu unserem Geliebten zu sprechen. Wenn wir unsere Gebete sprechen, erkennen wir an, dass wir getrennt und bedürftig sind. Wir bestätigen die Kluft, den Abgrund zwischen uns. Mit jedem Wort erfahren wir bewusster unsere Sehnsucht.

Manchmal rufen Ihn die Sufis mit spontanem Gebet, *du`ā,* dem freien Gebet des Herzens, welches das innige Gespräch der Liebenden ist. Oder sie rufen Ihn mit dem Ritualgebet, *salāt,* das für den Mystiker eine Zeit des Verbundenseins, „der Augenblick der Nähe zu Gott" ist.[78] Oder der Derwisch pflegt das innere Beten des Gottgedenkens, die heiligen Silben des *Dhikr,* die Wiederholung der Namen des Einen, den wir lieben. Auf diese Weise drücken wir unsere Not aus, uns selbst und unserem Geliebten gegenüber. Und in diesem Augenblick des Gebets treten wir in die göttliche Gegenwart ein. Mit den Worten von Kharrāz: „Wenn du ins Gebet eintrittst, sollst du in die Gegenwart Gottes kommen ... vor Ihm stehen ohne Vermittler."[79]

Obwohl das Beten einer Not, einer Sehnsucht, entspringt, lindert es diese nicht – es vergrößert sie nur. Wir erfahren immer deutlicher, dass wir getrennt sind und allein der Geliebte uns helfen kann. Wir beten zu unserer Vorstellung vom Göttlichen: einem Konzept eines fernen Gottes oder einer gütigen Vaterfigur oder einer nährenden Mutter, zu jemand, der unsere Tränen trocknen und sich um uns kümmern wird, oder manchmal sogar zu einem feindliche Tyrannen. Wir personifizieren unsere Sehnsucht, umhüllen unsere Tränen mit dem Bild einer Gottheit oder einer verloren gegangenen Liebe. In unserer Schwachheit suchen wir nach Stärke, in unserem Kummer nach einer tröstenden Schulter und in unserer Qual nach einem Peiniger.

Wir schaffen uns ein Bild des Göttlichen, das uns entspricht, das uns Trost und Sicherheit gibt und den Schmerz des Menschseins hält. Doch wenn unser Beten tiefer wird, fallen nach und nach alle Bilder weg, denn auch sie sind Schleier der Trennung, da sie die Wahrheit der Vereinigung negieren. Wie kann der Geliebte getrennt von uns sein? Wer ruft nach wem? Es gibt nur Einen. Dann gelangen wir dahin, einen kurzen Blick auf die Wirklichkeit hinter den Bildern zu werfen und zu erkennen, dass unser Sehnen Gottes Sehnen ist und unser Rufen bereits die Antwort des Geliebten: „Dein Rufen ‚Allāh' war mein ‚Hier bin Ich', dein sehnsuchtsvoller Schmerz Meine Botschaft an dich."[80]

Das Mysterium auf dem Pfad ist, dass in dem geschlossenen Kreis der Liebe der Geliebte im Herzen des Liebenden nach Sich Selbst ruft. Unser Sehnen ist Sein Sehnen, und doch ist Er in jeder Weise vollständig. Wir tragen den Samen göttlichen Sehnens in uns und machen es uns zu eigen. Unser Beten, unserem Geliebten näher zu kommen, ist das Entwickeln einer Intimität, ein Teilen von etwas unendlich Kostbarem. Der Geliebte braucht unsere Tränen, unser Rufen, unser Sehnen, unser Beten. Er teilt das Geheimnis mit uns. Er ruft nach uns, und wir rufen nach Ihm, und so enthüllt sich die Liebe. Durch unser Beten wird das, was im Herzen verborgen war, Teil des Alltags, Teil des Gewebes der Welt. Uns sind der Schmerz und die Seligkeit aufgebürdet, dieses Geheimnis zu leben.

An der Tür stehen

Das Herz ist die Kammer der Einheit der Liebe, der unendliche innere Raum, wo der Geliebte immer gegenwärtig ist. Beten führt uns zur Tür des Herzens, an der wir geduldig warten lernen. Wir sehnen uns danach, dass unsere Gebete erhört werden, unser Bedürfnis Erfüllung findet. Doch im Beten liegt stets eine Qualität der Hingabe. „Nur wenn es Deinem Willen entspricht." Sogar in den Momenten unserer höchsten Verzweiflung ist Beten ein sich vor Gott Verbeugen.

Geben wir uns dem göttlichen Willen hin, anerkennen wir Gottes Gegenwart hinter der Tür. Wir lassen zu, dass die Liebe ihren Weisen entsprechend wirkt. Manchmal bekommen wir Antwort und manchmal nicht. Manchmal lässt man uns warten, manchmal bleiben wir mit all der Verzweiflung in unserem Beten zurück. Warum scheint der Geliebte gerade diejenigen zu ignorieren, die Er liebt? Weil Er möchte, dass sie nach Ihm rufen. Er liebt es, ihre Stimme zu hören.

Es ist überliefert, dass Yahya b. Sai'd al-Quattan Gott im Schlaf sah und ausrief: „O mein Gott, wie viele Male habe ich zu Dir gebetet und Du hast nicht geantwortet!" Er entgegnete: „O Yahya, weil Ich es liebe, deine Stimme zu hören."[81]

Würde unser Bedürfnis voll und ganz erfüllt, würden wir uns nicht länger an unseren Geliebten wenden, nicht länger nach Ihm rufen. Gott weiß, wie Er uns zu Sich zurückholen kann: „mit dem Locken Seiner Liebe und der Stimme Seines Rufens."[82] Durch unsere Gebete ruft uns der Geliebte heimwärts, ob unsere Gebete erhört scheinen oder nicht. Auf dieser Reise tragen unsere Gebete den Duft der göttlichen Liebe zu uns zurück.

Im Herzen betend stehen wir zwischen den Welten an der Tür zu Ihm und warten darauf, dass unser Geliebter uns hilft. Der Eine, unsere allerinnerste Essenz, ist immer da, ewig Ausschau haltend, horchend und wartend, dass wir kommen. Wir glauben, Gott sei getrennt von uns, weil wir draußen vor der Tür stehen, gefangen in der Welt der Dualität. Aber wenn wir mit Gefühl, mit der Intensität des Herzens beten, öffnet sich die Tür. In Wirklichkeit ist diese Tür nie geschlossen, das Ego verbirgt nur die Schwelle:

> *Salih al-Murri [sagte]: „Wer beharrlich an die Tür klopft, der ist kurz davor, dass ihm geöffnet wird."*
>
> *Rābi`a fragte ihn: „Wie lange wirst du das noch sagen? Wann war die Tür jemals geschlossen, so dass man darum bitten muss, dass sie geöffnet werde?"*[83]

Die Intensität unseres Fühlens nimmt uns über das Ego hinaus. Je größer unsere Not und je heftiger unser Sehnen ist, desto mehr schreit das Herz. Deshalb betete Ibn 'Arabī: „O Herr, nicht mit Liebe nähre mich, sondern mit dem Verlangen nach Liebe."[84] Er wusste, dieses Verlangen würde die Schleier der Trennung zerreißen und das offenbaren, was verborgen ist. Die Schleier selbst schaffen die Trennung, lenken uns von der Wirklichkeit des Einsseins mit Gott ab und halten unsere Aufmerksamkeit in einer Welt der Vielfalt gefangen. Die Sehnsucht kehrt uns nach innen, führt uns fort von den unzähligen Widerspiegelungen und zur Quelle der Einheit hin, der Einheit, welche der Ursprung unseres Verlangens ist.

Die Liebe hört unseren Ruf und öffnet die Tür, die nie verschlossen ist. Unser eigenes Herz hat uns gehört, und die Liebe antwortet auf unser Verlangen. Die Liebe wird durch unser sehnsüchtiges Verlangen herbeigeholt, wie Rūmī das so treffend ausdrückt:

„Nicht nur die Dürstenden suchen das Wasser,
Das Wasser sucht auch die Dürstenden."[85]

Liebe, die größte Kraft im Universum, bewirkt mehr, als die Herzen zu heilen. Liebe ist das Medium für die göttliche Gnade, der Träger göttlicher Barmherzigkeit. Liebe bringt sowohl Verstehen und Nähe, wie auch Weisheit und Trost.

Beten ist eine Waschung des Herzens, nimmt es uns doch in den reinigenden Strom der Liebe, der im Zentrum der Schöpfung fließt, in diesen Strom von „Er liebt sie und sie lieben Ihn" (Koran 5:54). In unserem Beten werden wir viel eher durch unser Gotterinnern geläutert als durch all die Wünsche nach Reinheit. Der folgende Traum veranschaulicht wunderschön diese reinigende Qualität des Betens:

„Ich bin im Hof einer sehr alten Moschee. Aus einem alten schwarzen Hahn fließt kristallklares Wasser auf meine Hände, die wie im Gebet sind. Ich mache eine Waschung. Alles von mir fühlt sich sehr alt… Es ist, als verschmelze ich innerlich mit diesem schönen Wasser, während jedes Atom in mir Sein Gebet singt. Ich werde reiner und reiner."

Die Träumerin betet im heiligen Raum ihres Herzens und ihr Gebet ist eine Waschung, eine Waschung, bei der das heilige Wasser ihrer Hingabe über ihre Hände fließt und sie läutert. Ihr Gebet ist das tiefste Beten des Verschmelzens, welches ohne Worte ist und bei dem sie sich dem Beten so vollständig überlässt, dass sie jedes Atom ihres Wesens Sein Gebet singen hört. Die Wirksamkeit ihres Gebets liegt in der reinigenden Kraft der Liebe und Hingabe, einer Hingabe, die jedem noch so kleinen Teilchen von ihr eigen ist. Das ist ein Gebet, das aus der Einheit kommt und die Macht Seiner Liebe trägt.

Der geschlossene Kreis der Liebe

Auf der mystischen Reise kommt die Zeit, wenn das Beten unser ganzes Leben erfasst. Wir sind dann innerlich immer in einem Zustand des Betens. Wir sprechen zu unserem Geliebten über unsere Sehnsucht und unsere Schwierigkeiten und danken für die Hilfe, die uns entweder direkt ins Herz oder, oft unerwartet, in unserem Alltag gegeben wird. Wir sprechen mit der Vertraulichkeit einer wahren Freundschaft, weinen die Tränen eines Liebenden. Wir wiederholen den Namen des Einen, den wir lieben, dem wir angehören, bis sich dieser Name von selbst in unserem Herzen wiederholt. Und tiefer als alle Worte gibt es ein Zusammenkommen und Verschmelzen in der Stille des Herzens. Unser Herz ist stets unserem Geliebten zugewandt; immer lauschen wir, warten wir, kommunizieren wir. Wie kann man ein Leben nicht im Gebet verbringen, wenn so viel Sehnen da ist und so viel geschenkt wird?

Wenn das Herzensgebet sich vertieft, gehen wir mehr und mehr im Herzen auf, in der Einheit, die das göttliche Versprechen an uns ist. Wir treten von den Küsten unseres Alleinseins, unseres Gefühls der Trennung, in das Meer der Liebe, in dem wir immer mit unserem Geliebten sind. Wir sind dann zeitweise so in dieses Meer eingetaucht, so in der Liebe ertrunken, dass es kein Gefühl für uns selbst gibt. Doch wir kehren anscheinend immer wieder zurück, zu unseren Nöten, unseren Unzulänglichkeiten, unseren Begrenzungen. Das gehört wohl zur Bedingtheit des Menschseins und dem Wesen des Gebets: Wir brauchen und wir rufen. Auch wenn wir das Geheimnis der Einheit erkannt haben, brauchen wir noch immer: Wir sind noch immer Mensch. Und unsere Gebete werden immer gehört. Sogar wenn es so aussieht, als würden sie nicht beantwortet, wurden sie doch gehört.

Kennzeichnend für das Mysterium der göttlichen Einheit ist es, dass unser Beten, unser Rufen gebraucht wird. Es gibt nur ein Gebet, das Gebet der Schöpfung zum Schöpfer. Jeder lebt auf seine eigene Weise dieses Gebet, damit das Göttliche Sein Eigenes Verlangen erkennen kann. Je intensiver, je gefühlsstärker das Rufen ist, desto deutlicher wird diese Not vernommen. Durch unser Beten vernimmt der Geliebte das Verlangen des Herzens, das Verlangen des Liebenden nach dem Geliebten, das Verlangen der Schöpfung nach dem Schöpfer – das Verlangen des Geliebten nach Sich Selbst. Unser Mysterium des Menschseins ist, dieses Paradox zu umfassen und zu leben: dass wir von Gott getrennt scheinen und von daher nach dem Göttlichen verlangen, obwohl wir niemals getrennt sind. Doch wir alle kennen und erleben dieses Verlangen und geben es durch unsere Gebete unserem Geliebten als Gabe zurück.

Wir mögen hoffen, uns danach sehnen und verzweifelt darauf warten, dass unsere Gebete beantwortet werden. Aber die tiefere Wahrheit ist, dass es nur Einen gibt, der im Gebet ruft, der Sein Eigenes Gebet hört. Das Herzensgebet schenkt diese Wahrheit, das Geheimnis der Geheimnisse, an den Geliebten zurück. Das ist der geschlossene Kreis der Liebe, den wir durch unsere Sehnsucht, unsere Not, unsere Gebete leben.

5

DAS HERZ BETET

Beten löst uns von der äußeren Welt und wendet uns zum inneren Mysterium der Seele hin. Beten bringt uns in diesen heiligen inneren Raum. Hier wird der Mystiker dann Zeuge eines der größten Wunder, die ein Mensch erfahren kann: die Geburt des Geliebten im Herzen. In der esoterischen Symbolik des Christentums ist das die Geburt Jesu, die in unserem Herzen stattfindet, wie es Angelus Silesius so schlicht ausdrückt:

„Bereitest du im Herzen
Eine Krippe für Seine Geburt,
Dann wird Gott wieder
Ein Kind auf Erden werden.“[86]

Wir beginnen den Pfad mit dem Bild des Wanderers, des Pilgers, der seine Reise zurück zu Gott macht. Indem wir uns der Sehnsucht im Herzen hingeben, geschieht jedoch etwas völlig Anderes und Unerwartetes. Unsere Sehnsucht, diese urewige Trauer der Seele, schafft zusammen mit unseren spirituellen Praktiken einen Raum, in den hinein unser Geliebter als lebendige Gegenwart geboren werden kann. Unsere Sehnsucht ist ein Prozess der Läuterung, der es ermöglicht, dass eine jungfräuliche Geburt in uns geschieht. Wie Rūmī sagt: „Leid um Seinetwillen ist ein Schatz in meinem Herzen. Mein Herz ist Licht über Licht, eine wunderschöne Maria mit Jesus im Schoß.“[87] „Licht über Licht“ weist auf das esoterische Geheimnis hin, wie das Licht unserer Sehnsucht, unseres Verlangens nach unserem Geliebten, mit dem größeren Licht unserer göttlichen Natur zusammenkommt. Aus dieser Begegnung der Lichter wird ein Kind empfangen und schließlich geboren.

Dies ist eine mystische Geburt, bei der das Göttliche oder Christus-Prinzip geboren wird und dann im Herzen des Mystikers lebt, des Menschen, der sich der Liebe hingegeben hat. Die empfängliche Seele, anfangs als Ort inneren Lauschens erlebt, wird zu dem Ort, in dem der Geliebte als lebendige Gegenwart geboren wird. Das Symbol der jungfräulichen Geburt verkörpert die spirituelle Reinheit, die notwendig ist, damit dies geschehen kann. Liebe und Sehnsucht haben uns von allem geleert außer von dem Verlangen nach Gott. Das ist die Antwort des Herzens, das nichts für sich selbst will.

„Ich bringe Dir das Einzige dar, was ich habe:
Meine Fähigkeit, mit Dir gefüllt zu werden.“[88]

Spirituelles Erwachen widerfährt nie dem Wanderer. Der Suchende bleibt immer an den Küsten der Liebe zurück. Auch wenn wir manchmal die Illusion haben, wir würden ein spirituelles Selbst entwickeln, ist das wahre spirituelle Erwachen doch das Erwachen des Herzens, in welchem das Göttliche in uns lebendig wird. Unser äußeres Selbst, sogar auch unser äußeres Leben, scheint dasselbe zu bleiben wie zuvor. Aber in den Tiefen unseres Wesens hat sich etwas Grundlegendes verändert. Wir sind ein leerer Raum geworden, in dem sich dieses Wunder der Liebe vollziehen kann. Mit den Worten von Majnūn in der berühmten Sufi-Erzählung von Laylā und Majnūn: „Die Liebe ist eingezogen und hat das Haus geschmückt. Und das Ich hat sein Bündel geschnürt und ist ausgezogen."[89] Auf dem Sufi-Pfad ist das der Zeitpunkt, wenn die „Reise zu Gott" zur „Reise in Gott" wird.[90]

Diese Geburt des Geliebten geschieht nie durch unseren Willen oder Wunsch, sondern allein durch die Gnade Gottes. Wir müssen alle Anstrengung aufbringen, uns zu läutern und uns hinzugeben. Doch dieses Wunder im Inneren ist immer ein Geschenk, das gegeben wird, ein Geschenk, dessen wir immer unwürdig sind. Anfänglich ist unser Ego-Selbst sich vielleicht nicht völlig darüber bewusst, was geschehen ist, wie sehr sich die Art unseres Betens und unserer Hingabe verändert hat. Aber wir spüren, dass etwas anders geworden, dass unser Herz auf eine neue Weise lebendig geworden ist.

Das Herz des Mystikers ist zum Ort göttlicher Gegenwart geworden. Unser Herz wird zu einem Ort des Betens, der völlig lebendig ist, und unser Leben zu einem Vermittler für die Liebe und für das Werk der Liebe in der Welt. Da unser innerstes Selbst von der Liebe übernommen wurde, gehört uns unser Herz nicht mehr. Auch wenn dies die größte Freude ist, bedeutet es auch das größte Opfer, das über das Opfer des Egos hinausgeht. Denn was ist unser unbedeutendes kleines Selbst mit seinen Wünschen, Problemen und Dramen schon wert? Das Opfer des Herzens jedoch ist ein Darbringen des Kostbarsten in uns. Wir haben unser Herz unserem Geliebten geschenkt, damit die Liebe es nach Ihrem Willen benutzen kann. Wir sind wahrlich Sklaven der Liebe geworden.

In vielerlei Hinsicht ist dies der wahre Anfang mystischen Lebens: wenn das Leben des GEISTES vollständig in uns erwacht ist. Wenig kann dann über die weitergehende Reise in der Liebe gesagt werden, denn Worte gehören zur äußeren Welt und zum Verstand, und dies hier ist eine sehr andere Wirklichkeit, eine, die hauptsächlich dem Schweigen, der Stille, angehört. Aber die Essenz unseres Betens verändert sich, denn jetzt ist es das Herz, das unablässig in uns betet.[91] Unser Ego-Selbst bleibt zurück, um in der äußeren Welt zu leben. Und es wird natürlich immer Schwierigkeiten begegnen, und wir werden weiter um Hilfe und Verständnis bitten, werden weiter für andere beten und für die Welt beten. Aber eine tiefere Dimension des Betens hat den Kern unseres Wesens ergriffen, ein Beten, das immer lebendig ist. Ist das Herz erst zur göttlichen Gegenwart erweckt, bleibt es erwacht; es bleibt der Ort des Betens ohne Unterlass. Das ist die verborgene Beschaffenheit des Herzens, welches Gott angehört. Es ist der Ort von Gottes Beten in der Welt.[92]

Die Reise geht weiter, die Zustände der Liebe verändern sich, die Leere nimmt zu und die Anforderungen des Dienens wachsen. Wir lernen, was es heißt, ein Leben zu führen, das der Liebe angehört. Die hl. Teresa beschreibt das als das wahre spirituelle Leben, das der innersten Kammer der Burg eigen ist:

> *„Wisst ihr, was es heißt, wirklich geistliche Menschen zu sein? Sich zu Sklaven Gottes machen zu lassen, die Er mit Seinem Brandmal, nämlich mit dem Kreuz, gezeichnet hat, da sie Ihm ihre Freiheit schon hingegeben haben.“*[93]

Die Sufis nennen diesen Zustand „gebrandmarkt von der Liebe". Der Name Gottes ist ihnen mit Feuer aufs Herz geschrieben, und sie gehören deshalb auf ewig dem Geliebten an. Die Sufis werden auch als die „Sklaven Gottes" bezeichnet.

Das Herz betet, doch nicht mehr das Gebet unseres Bedürfnisses und unserer Sehnsucht, sondern das Gebet unseres Geliebten. Dieses Gebet, das im Herzen der Liebenden Gottes stattfindet, gehört zum Gebet der Welt selbst und zur tiefsten Beziehung zwischen der Schöpfung und dem Schöpfer – der göttlichen Liebesgeschichte, welche das Leben selbst ist.[94] Unser Ego-Selbst mag nie die wahre Natur dieses Gebets erkennen, da es dem geheimen Wesen der Liebe angehört, das dem Bewusstsein oft verhüllt bleibt. Aber wir ahnen vielleicht, dass sich ein Mysterium in uns vollzieht. So werden wir vielleicht in der Nacht wach oder wenden uns während eines geschäftigen Tages für einen Moment nach innen und merken, dass unser Herz betet. Wir haben unser Herz in den Dienst unseres Geliebten gestellt, auf dass es benutzt werde, wie die Liebe will. Das ist unser Opfer und größtes Dienen. Unser Herz ist zu einem Ort unablässigen Betens geworden.

6

GEBET für die ERDE

Beten ist eine Antwort auf ein Bedürfnis, auf unser Bedürfnis, auf des Geliebten Bedürfnis und gegenwärtig auf das immer dringender werdende Bedürfnis der Erde. Auf welche Weise wir uns auch zum Beten hingezogen fühlen, es ist unbedingt notwendig, die Erde in unsere Gebete einzuschließen. Wir leben in einer Zeit gravierendster Unweltzerstörungen, der katastrophalen Auswirkungen unserer materialistischen Kultur auf unser Ökosystem. Unsere Flüsse sind vergiftet, die Regenwälder abgeholzt und niedergebrannt, endlose Landstriche aufgrund unserer unersättlichen Gier nach Öl, Gas und Mineralien zum Ödland geworden. Wir haben die Erde vergewaltigt, geplündert und verschmutzt und sie in einen gefährlichen Zustand des Ungleichgewichts gebracht, den wir Klimawandel nennen. Die Schöpfung selbst ruft uns jetzt, schickt uns Zeichen ihres gestörten Gleichgewichts, und die Seele der Welt, die *Anima Mundi,* die früher als die spirituelle Essenz der Erde betrachtet wurde, schreit auf. Wir können diese Zeichen in den in immer kürzeren Abständen auftretenden Fluten und Dürren sehen, in den von Pestiziden und anderen Schadstoffen vergifteten Böden erkennen. Die Menschen, deren Herzen offen sind, hören vielleicht sogar den Schrei der Weltseele, des spirituellen Wesens unserer Mutter, der Erde. Es ist ein Schrei der Not und Verzweiflung darüber, dass die Menschheit, die dazu bestimmt war, Hüter des Planeten zu sein, und der vor langer Zeit die heiligen Namen der Schöpfung[95] gelehrt wurde, ihre Verantwortung vergessen hat und stattdessen systematisch und rücksichtslos die Erde in globalem Ausmaß entweiht und zerstört. Und jetzt sterben die Erde und ihre Wasser.

Wir sind die Kinder und Erben einer Kultur, die Gott in den Himmel verbannt hat. Das frühe Christentum verfolgte jegliche erdverbundene Spiritualität, bis sie weitgehend ausgelöscht war und die physische Welt zum Ort der Dunkelheit und Sünde wurde. Mit der Aufklärung wurde eine aus der Newtonschen Physik abgeleitete Weltsicht vorherrschend, welche die Welt als leblose Mechanik betrachtete, die wir leicht meistern könnten, ja sogar dazu bestimmt wären, sie zu meistern. Wir müssten nur ihre Gesetzmäßigkeiten erkennen, um sie nach unseren Vorstellungen einzuspannen. Als Vermächtnis dieser Anschauung haben wir eine materialistische Kultur entwickelt, die die Erde wie ein Warenlager behandelt, das da ist, unseren selbstsüchtigen Zwecken zu dienen. Unsere Gier trampelt inzwischen mit schweren Stiefeln über die Welt, in völliger Respektlosigkeit für die Heiligkeit der Schöpfung. Wir haben uns nur um unser materielles Glück und Wohlergehen gekümmert und leben als Folge davon in einer sterbenden Welt, deren Seele verzweifelt nach uns ruft. Doch da uns Jahrhunderte lang beigebracht worden ist, uns als von der Welt getrennt zu sehen und die Welt nur als ein Objekt, das wir kontrollieren sollten, haben wir sogar vergessen, dass sie eine Seele hat. Wir haben uns von der lebendigen Welt mit ihrer allseitigen Vernetztheit abgeschnitten. Unsere westliche Kultur weiß nicht mehr, wie sie sich der Welt als einem heiligen Wesen gegenüber verhalten soll.

Jetzt braucht die Welt unsere Gebete mehr, als wir ahnen. Sie braucht uns, damit wir ihre heilige Natur anerkennen und begreifen, dass sie nicht etwas ist, das man benutzt und dann wegwirft. Sie braucht uns, damit wir ihr helfen, sich wieder mit ihrer heiligen Quelle zu verbinden, den Leben spendenden Wassern der Schöpfung, die sie aus der Zerstörung erretten können. Sie braucht uns, damit wir sie dem Schöpfer ans Herz legen. Wir müssen jetzt unsere heilige Pflicht, Hüter oder Statthalter[96] der natürlichen Welt zu sein, wieder erfüllen. Auf der äußeren Ebene müssen wir der Erde beistehen, wieder ins Gleichgewicht zu kommen, unser Ökosystem darin unterstützen, sich selbst physisch zu heilen. Und in unserem Herzen und unserer Seele müssen wir Hilfe leisten, das Entweihte wieder zu heiligen: Wir werden gebraucht, für die Erde und all ihre Wesen zu beten.

In unseren Gebeten und unseren Andachten müssen wir uns wieder mit der heiligen Substanz der Schöpfung verbinden, die von den Sufis als „das Geheimnis des Wortes ‚*Kun!*' (‚Sei!')" bezeichnet wird. Wir müssen die Erde in unser Herz nehmen und sie mit unserer Liebe nähren und sie Ihm im Gotterinnern übergeben. Wir wissen, wie wir aus unseren eigenen Sorgen heraus beten; wir haben die Tränen unseres Schmerzes der Trennung geweint und uns in unserer Verzweiflung zurück an unseren Geliebten gewandt. Jetzt müssen wir dasselbe für die Erde tun, mit der wir so wechselseitig verbunden sind, die uns auch dann noch erhält und nährt, wenn wir sie missbrauchen. Wir müssen den Liebesbund zwischen dem Schöpfer und der Schöpfung wieder bekräftigen, so wie wir unseren Bund mit unserem Geliebten bekräftigen. Die Mystiker wissen, dass allein die göttliche Liebe das zu heilen und zu transformieren vermag, was so schlecht behandelt und so geschändet worden ist. Die Liebe ist die stärkste Kraft in der Schöpfung, und durch unsere Gebete können wir helfen, diese Liebe ins Leben zu bringen, in den Planeten, in seinen Boden, in seine Flüsse und Meere. Durch unsere Gebete können wir das Göttliche aufs Neue als lebendige Kraft in der Schöpfung ehren.

Anerkennen wir unsere heilige Rolle als Hüter des Planeten, werden wir die Macht unserer Gebete erfahren, unsere Fähigkeit, die Erde wieder mit ihrer heiligen Natur zu verbinden, so wie wir sie zuvor davon abgeschnitten haben. Über unser Herz und unsere Seele können wir Geist und Materie wieder vereinen, und unsere Gebete können Gnade und Liebe dorthin in die Welt bringen, wo sie am nötigsten gebraucht werden. Viele von uns wissen um die Wirkung des Betens für andere, haben erlebt, wie Heilung und Hilfe geschenkt wurden, manchmal sogar auf höchst unerwartete Weise. Die Welt ist Teil unseres Daseins und braucht dieses Beten ebenso. Die Welt braucht die Gnade, die allein von ihrem Schöpfer kommen kann. Sie ist in solch einem hoffnungslosen Zustand, dass sie der Wunder bedarf, die nur von Gott kommen können. Und die Menschen sind die Verbindung zwischen den Welten. Unsere Gebete können die Gebete der gesamten Schöpfung sein und Himmel und Erde wieder verbinden.

Es gibt viele Möglichkeiten, für die Erde zu beten. Als Erstes ist es von grundlegender Bedeutung, anzuerkennen, dass die Erde keine „tote Materie“ ist, sondern ein lebendiges Wesen, das uns das Leben geschenkt hat. Es kann darüber hinaus hilfreich sein, uns zu fragen, wie es uns ergehen würde, wenn man uns wie einen toten Gegenstand behandeln und ständig missbrauchen würde? Dann fühlen wir vielleicht das Leid der Erde, ihr physisches Leid, das für uns an dem Artensterben und den verschmutzten Gewässern deutlich wird, und das tiefere Leid, verursacht durch unsere kollektive Missachtung ihrer heiligen Natur. Öffnen wir unser Herz und unsere Seele für das Wesen, das wir Welt nennen, können wir womöglich den Schrei der *Anima Mundi* vernehmen, den Schrei ihrer Seele. Über Jahrhunderte hielt man es für selbstverständlich, dass die Welt ein Lebewesen mit einer Seele ist und wir Teil dieses Wesens sind, das Licht unserer Seele ein Funken, *Scintilla,* des Lichts der Weltseele[97] ist. Als Kultur haben wir das vergessen, aber dieses Verständnis ist die Grundlage für das Beten, das jetzt so sehr gebraucht wird. Darüber machen wir diese Verbindung aufs Neue bewusst; wir helfen, unser Licht der Weltseele zurückzubringen.

Sobald wir uns mit unserem Verstand und unserem Herzen erinnern, dass die Welt ein heiliges Wesen ist, von dem wir ein Teil sind, sobald wir erst ihren Schrei hören, wird unser Beten leichter und natürlicher fließen. Wir fühlen uns dann zum Beten hingezogen, jeder auf seine ganz eigene Weise. Ein einfacher Weg ist, die Welt als lebendiges Wesen in unser Herz zu nehmen und uns innerlich Gott zu übergeben. Wir tragen den Kummer und das Leid der Welt zum Schöpfer und bitten, dass Er sich der Welt erinnere, dass göttliche Liebe und Barmherzigkeit dahin fließen mögen, wo sie gebraucht werden. Wir beten, dass „Seine Barmherzigkeit größer sein möge als Seine Gerechtigkeit", dass auch dann, wenn wir damit fortfahren, die Welt so schlecht zu behandeln, Gott uns helfen und der Welt helfen möge, die Erde ins Gleichgewicht zurückzubringen. Wir müssen uns darauf besinnen, dass die Macht des Göttlichen größer ist als die all der multinationalen Großkonzerne, die nicht aufhören, die Welt zu einem Ödland zu machen, und sogar noch viel stärker als die globalen Kräfte des Konsumterrors, die dem Planeten den Lebenssaft aussaugen.

Wir beten, dass unser Geliebter diese schöne und leidende Welt erlösen und heilen möge.

Manchmal fällt es leichter, zu beten, wenn wir die Erde in unseren Händen spüren, im Garten arbeiten und uns um die Blumen oder das Gemüse kümmern. Oder wenn wir kochen, das Gemüse schneiden, das uns die Erde geschenkt hat, und die Kräuter und Gewürze ans Essen geben, die wir gern mögen. Oder beim Liebesakt, wenn wir unseren Körper und unsere Seligkeit mit unserem Liebsten teilen, fühlen wir vielleicht die Zärtlichkeit und Kraft der Schöpfung und dass ein einziger Funke Leben hervorbringen kann. Dann kann unser Akt des Liebens ein unmittelbares Geschenk an das Leben sein, eine vollständig empfundene Erinnerung an die Ekstase der Schöpfung.

Die göttliche Einheit des Lebens ist in uns und überall um uns herum. Manchmal können wir, wenn wir allein in der Natur gehen, ihren Herzschlag und ihre Wunder fühlen, und unsere Schritte werden zu Schritten des Erinnerns. Die einfache Praktik des „auf heilige Weise Gehens", bei der wir mit jedem unserer Schritte die Verbindung mit der heiligen Erde spüren, ist eine weitere Art, uns mit dem lebendigen Geist der Erde wieder zu verbinden.

Es gibt so viele Möglichkeiten, für die Schöpfung zu beten, nach innen zu horchen und die Erde in unsere spirituelle Praxis einzubeziehen. Das einfache Wunder einer Morgendämmerung kann bereits zum Gebet werden. Oder wenn wir dem Konzert der Vögel bei Tagesanbruch lauschen, erfahren wir vielleicht diese tiefere Freude des Lebens und erwachen zu seiner göttlichen Natur. Des Nachts können uns die Sterne an das erinnern, was grenzenlos und ewig in uns und in der Welt ist. Wie auch immer wir zum Staunen oder Beten gebracht werden, wichtig dabei ist stets die

Haltung, mit der wir uns auf diesen innigen Austausch einlassen: ob unser Beten ein Herzensgefühl ist und nicht nur eine mentale Übung. Denn es ist immer das Herz, über das unsere Gebete gehört werden, auch wenn wir zuerst die Verbindung über unsere Füße und Hände schaffen. Fühlen wir wirklich das Leiden der Erde, spüren wir ihren Schmerz, ihre Not? Fühlen wir diese Verbindung mit der Schöpfung, empfinden wir uns als Teil dieses wunderbaren und leidenden Wesens? Dann sind unsere Gebete lebendig, ein lebendiger Strom, der aus unserem Herzen fließt. Dann wird jeder Schritt, jede Berührung ein Gebet für die Erde sein, ein Erinnern an das, was heilig ist. Wir sind Teil dieser Erde, die nach ihrem Schöpfer ruft, die in der Zeit ihrer Not aufschreit.[98]

7

PERSÖNLICHES GEBET

„Jedes Geschöpf kennt seine Weise des Gebets und Lobpreisens",[99] und zur inneren Reise gehört es, dieses Gebet zu entdecken und dann zu leben. Meine eigene Reise hat mich zum Herzensgebet geführt – einem Beten, entstanden aus einem Bedürfnis und einer Sehnsucht, einem Öffnen zum Mysterium der Liebe, das immer in uns gegenwärtig ist. Es ist ein tiefes Gebet der Stille und Liebe, bei dem das Herz zu seinem Geliebten schaut. Für dieses Herzensgebet gibt es weder festgelegte Zeiten noch Rituale, denn es ist der intimste Schrei des Herzens. Oft liege ich in der Nacht wach und fühle einen süßen Schmerz, der mich zu dem Einen hinwendet, den ich liebe. Manchmal laufen mir Tränen übers Gesicht und mein Herz schmerzt. Manchmal versuche ich Worte in dieses Gebet zu geben, manchmal fließen die Worte von allein mit einer Zärtlichkeit wie bei Liebenden, die ihrem Geliebten zuflüstern, und zuweilen kommen die Worte mit Qual, wenn ich mich so getrennt, so verlassen fühle, alleingelassen mit dem Sehnen des Herzens. Doch tiefer als alle Worte ist die Stille, die ruft, eine Stille, die ich brauche und die mich geheimnisvoller Weise ebenfalls braucht.

Dies ist das urewige Gebet meiner Seele, ein Aufgehen in der Leere, die im Inneren ist, im wahren Zentrum meines Herzens. Hier geschieht ein Hingeben meiner selbst an meinen Geliebten mit einer Vollständigkeit, die ein gänzliches der Liebe Angehören ist. Ich fühle, dass ich der eigentliche Kern meines Sehnens bin, eines Verlangens, das aus dem Herzen kommt und jeden Atemzug, jede Zelle meines Körpers einschließt. Mein ganzes Wesen und mein ganzer Körper sind dann im Gebet, und nichts ist von diesem Gebet, diesem Drehen des Herzens, diesem Verströmen meines gesamten Wesens ausgeschlossen. Jede Zelle meines Körpers fühlt diese süße Qual, fühlt die Macht dieses Gebets der Liebe. Und ich warte hoffend, sehnsüchtig und meines Geliebten mehr bedürfend, als ich weiß. Und wenn ich dann meinen Geliebten fühle, diese Liebe innen präsent fühle, erfahre ich die Essenz des Gebets, nämlich dass es keine Trennung gibt, dass wir immer in Liebe zusammen sind. Das ist das Geheimnis der Einheit.

Es kam dann der Zeitpunkt, als dieses Beten ein immerwährendes wurde, ein Beten ohne Unterlass – denn wie kann das Herz seinen Geliebten vergessen, wie kann es nicht zur QUELLE seines Liebens und Sehnens schauen? Wie ich bereits erwähnt habe, ist dieses Erwachen des Herzens, diese Geburt des immerwährenden Betens eines der Wunder auf dem Pfad. Welcher Moment des Tages, welche äußere Aktivität auch immer, wenn ich mich nach innen wende, erlebe ich dieses Mysterium, das betet, und ich erfahre die Stille und das Wunder, wie das Herz ein Ort des Betens, ein Altar der Liebe ist. Ich fühle die Zärtlichkeit, die Süße, die Kraft dieses Betens. Dieses Gebet ist die Essenz meines Wesens, ein Bund der Liebe, ein Erinnern, ein Begegnen und ein Verschmelzen. Es ist eine lebendige Einheit in mir, die zu jedem Augenblick des Tages und der Nacht gehört.[100] Dieses Beten ist meine Praktik, ein Darbringen meiner selbst, die innigste, intimste Art für mich, mit meinem Geliebten zu sein. Was kann ich anderes in dieser Welt tun als beten? Wir sind das Beten der Liebe.

ANMERKUNGEN

Eröffnung

1 Theophan der Klausner, auch „der Mönch", russisch-orthodoxer Theologe und Bischof des 19. Jahrhunderts, lebte fast dreißig Jahre in strenger Klausur. Zitat aus James Cutsinger, *Merton & Hesychasm,* S.76

2 zitiert von al-Qushayrī, *Principles of Sufism,* übers.von B.R. von Schlegell, S. 275 f.

Einführung

3 Ich verwende die Bezeichnung „Gott" nicht in Bezug auf eine anthropomorphe Vaterfigur oder ein anderes personifiziertes Bild, sondern sie steht für eine alldurchdringende, allgegenwärtige WIRKLICHKEIT, die einerseits immanent („näher als die Halsschlagader", Koran 50:16) und andererseits transzendent („sogar jenseits von unserer Vorstellung von Jenseits") ist. Sufis nennen diese WIRKLICHKEIT den „Geliebten."

4 *Interior Castle,* übers. von Mirabai Starr, Introduction, S. 11

5 Ebd. S. 12

6 *For Lovers of God Everywhere: Poems of the Christian Mystics,* von Roger Housden, S. 90

7 Zitiert von Kallistos Ware in *Merton & Hesychasm,* S. 6

8 Für eine detaillierte Beschreibung der Kammern des Herzens in der Sufi-Tradition siehe Llewellyn Vaughan-Lee, *Fragments of a Love Story: Reflections on the Life of a Mystic,* Kap. 1: Chambers of the Heart, deutsche Ausgabe: *Fragmente einer Liebesgeschichte. Betrachtungen über das Leben eines Mystikers*

9 Theophan der Klausner bezeichnet das Beten des Gefühls als die „dritte Stufe des Betens" nach dem körperlichen Beten und dem Beten des Verstandes, siehe *The Art of Prayer: An Orthodox Anthology,* herausgegeben von Ingumen Chariton of Valamo

10 Teresa of Avila, *Interior Castle,* übers. von E. Allison Peers, Seventh Mansion, Kap. 3, S. 222

1. Beten und Lauschen

11 Wird in der Sufi-Tradition für jemanden gebetet, ist es am besten, wenn eine persönliche Beziehung oder Verbindung besteht. Dann genügt es, im Herzen den Vornamen dieser Person zu sagen, sie Gott zu übergeben und den Gedanken an sie gehen zu lassen. Man kann diese Person auch ins Herz nehmen.

12 Teresa of Avila, *The Book of My Life,* übers. von Mirabai Starr, Kap. 15

13 *Newsweek,* 6. Jan. 1992, „Talking to God", S. 44

14 Rūmī, übers. von Andrew Harvey, *Light Upon Light,* S. 99

15 Miguel de Molinos, „Spiritual Guide", zit. in Evelyn Underhill, *Mysticism,* S. 324. Molinos (gest. 1697) war der führende Verfechter des Quietismus, einer mystischen Strömung im Katholizismus, die einen indirekten Einfluss auf die hl. Teresa von Avila hatte. Auch die hl. Teresa betont, dass wir, sobald wir das Gefühl bekommen, dass Gott unsere Gebete hört, innerlich still bleiben sollen. „Wenn wir bei seinen Geheimnissen zu erkennen meinen, dass Er uns erhört, dann ist es gut zu schweigen." *Interior Castle,* Fourth Mansion, Kap. 3, S. 88.

Der Quietismus wurde schließlich von der Kirche 1687 verboten und de Molinos noch im selben Jahr lebenslänglich gefangen gesetzt.

16 *Interior Castle,* übers. von E. Allison Peers, Sixth Mansion, Kap., 3, S. 138

17 Ebd., S. 139

18 Ebd., S. 142 f.

19 Ebd., S. 145 f.

20 „Stimmen hören" ist üblicherweise ein Zeichen für Schizophrenie, und Mystiker müssen rasch lernen, wem sie von ihrer inneren Stimme erzählen können und wem nicht.

21 Die hl. Teresa betont die Wichtigkeit der Demut beim Beten: „Das gesamte Gebäude muss auf Demut gegründet sein." *The Autobiography of St. Teresa of Avila,* übers. von David Lewis, Kap. 12, S. 192

22 Die mystische Reise wird manchmal als „die Reise vom Alleinen zum All-Einen" bezeichnet.

23 Teresa of Avila, *Interior Castle,* übers. von E. Allison Peers, Seventh Mansion, Kap. 1, S. 210

2. Stufen des Betens

24 Teresa of Avila, *Interior Castle,* übers. von E. Allison Peers, First Mansion, Kap. 1

25 Gerard Manley Hopkins: „I wake and feel the fell of dark not day", Verszeilen 6–8, in *The Poems and Prose of Gerald Manley Hopkins*

26 Irina Tweedie, *Daughter of Fire,* S. 404, deutsche Ausgabe: *Der Weg durchs Feuer,* S. 503

27 *The Autobiography of St. Teresa of Avila,* Kap.11, S. 82

28 Attar, *The Conference of the Birds,* übers. von C.S. Nott, S. 33

29 *1. Brief an die Korinther* 13:7

30 *The Autobiography of St. Teresa of Avila,* Kap. 11, S. 83

31 Irina Tweedie, *The Daughter of Fire,* S. 79 (deutsche Ausgabe S. 109). Die hl. Teresa beschreibt das Gebet der Ruhe als „ein Fünklein wahrer Liebe zum Herrn, das Er in der Seele zu entzünden beginnt." Teresa of Avila, *The Book of My Life,* Kap. 15, S. 103

32 Hopkins, „No worst there is none. Pitched past pitch of grief." Verszeile 3–4, aus *The Poems and Prose of Gerard Manley Hopkins*

33 Sānā'ī zitiert von Javad Nurbakhsh, *Sufi Symbolism: Volume Two,* S. 121

34 Zitiert von Annemarie Schimmel, *Mystical Dimensions of Islam,* S. 72 (deutsche Ausgabe: *Mystische Dimensionen des Islam,* S. 80)

35 *The Autobiography of Teresa of Avila,* Kap. 14, S. 107 ff.

36 Ebd., S. 107

37 Teresa of Avila; *Interior Castle,* übers. von E. Allison Peers, Fifth Mansion, Kap. 1, S. 103

38 *Das Hohelied Salomons,* 5.2, 5–6

39 Teresa of Avila, *Interior Castle,* übers. von E. Allison Peers, Fifth Mansion, Kap. 2, S. 109

40 Jeanne Guyon, *The Song of the Bride,* S. 110

41 *The Autobiography of Teresa of Avila,* Kap. 17, S. 135

42 Teresa of Avila, *Interior Castle,* übers. von E. Allison Peers, Fifth Mansion, Kap. 2, S. 109

43 *Koran,* Sure 24:37

44 Diese Praxis der inneren Zurückgezogenheit gehört besonders zum Naqshbandi Sufi-Orden und dessen Prinzip „Einsamkeit in der Menge." Mit den Worten von Abū Sa'īd al-Kharrāz: „Vortrefflichkeit liegt nicht im Zurschaustellen von übernatürlichen Fähigkeiten, doch Vortrefflichkeit liegt darin, mitten unter den Leuten zu sitzen, zu verkaufen und zu kaufen, zu heiraten und Kinder zu haben und dabei niemals, nicht für einen Augenblick, die Gegenwart Allahs zu verlassen."

45 Zitiert in James Arraj, *St. John of the Cross and Dr. C.G. Jung,* S. 60

46 Meister Eckhart, *Predigten,* Nr. 16: Von der Armut

47 *The Autobiography of St. Teresa of Avila,* Kap. 18, S. 147

48 Ebd., Kap. 18, S. 146. 'Attār beschreibt einen ähnlichen mystischen Zustand: „Ich weiß nichts, ich verstehe nichts. Ich bin mir meiner selbst nicht bewusst. Ich bin verliebt, aber in wen ich verliebt bin, weiß ich nicht. Mein Herz ist voll und zugleich leer der Liebe." *The Conference of the Birds,* S. 119

49 'Attār: *The Conference of the Birds,* S. 122

50 Zitiert von Annemarie Schimmel, *I Am Wind, You Are Fire,* S. 172 (deutsche Ausgabe, *Rumi. Ich bin Wind und Du bist Feuer,* S. 167)

51 *The Cloud of Unknowing,* Kap. 8, zitiert von F.C. Happold, *Mysticism: A Study and an Anthology,* S. 312

3. Das Jesusgebet und der Dhikr

52 Das Jesusgebet hat seinen Ursprung bei den frühen Wüstenvätern im 5. Jahrhundert in Ägypten. Es wird erstmals vom hl. Diadochos von Photike im ersten Band der *Philokalia* erwähnt.

53 Die Naqshbandis sind als die schweigenden Sufis bekannt, weil sie ihre spirituellen Praktiken still ausüben. Bahā ad-Dīn Naqshband (gest. 1389), nach dem der Orden benannt ist, lehrte, dass Gott am leichtesten in der Stille zu erreichen ist.

54 Traditionelle Sufi-Gebetsketten haben 99 Perlen, die den 99 Namen Gottes entsprechen. Orthodoxe Gebetsschnüre haben 100 Knoten.

55 Zitiert von R.A. Nicholson, *Studies in Islamic Mysticism,* S. 7

56 Abd al-Qadir al-Jīlānī, *The Secret of Secrets,* übers. von Tosun Bayrak, S. 45

57 Kallistos Ware, „The Power of a Name" in *Merton & Hesychasm,* S. 58

58 Ebd. S. 58 f.

59 *The Way of a Pilgrim,* S. 14 (deutsche Ausgabe: *Aufrichtige Erzählungen eines russischen Pilgers oder Der Weg des Pilgers*)

60 Im 1. Brief an die Thessalonicher fordert der Apostel Paulus die Gläubigen auf: „Betet ohne Unterlass."

61 Annemarie Schimmel, *Mystical Dimensions of Islam,* S. 169 (deutsche Ausgabe S. 186)

62 Kallistos Ware in *Merton & Hesychasm,* S. 58

63 *The Art of Prayer,* S. 86

64 Das Buch der Richter, 13:18

65 Das Evangelium nach Johannes, 16:23

66 Kallistos Ware in *Merton & Hesychasm,* S. 62

67 *The Art of Prayer,* S. 36

68 Der Atemzyklus beginnt mit dem Ausatem. Andere Sufi-Dhikrs wie das „Lā illāha illā 'llāh" beginnen ebenfalls mit dem Ausatem – „mit jedem Aus-atem sagt man ‚Lā illāha' und mit jedem Einatem ‚illā 'llāh.'" Sowohl in der christlich-orthodoxen Tradition wie auch im Sufismus gibt es weitere kompliziertere Atemtechniken, so das Verlangsamen des Atems, die Synchronisation des Atems mit dem Herzschlag und das Lenken des Atems zu verschiedenen Bereichen des Körpers. Es wird jedoch geraten, diese fortgeschritteneren Ate-

mübungen nur unter der Anleitung eines Lehrers zu praktizieren.

69 Bahā ad-Dīn Naqshband, das erste von den elf Naqshbandi-Prinzipien

70 Die letzte Unterweisung von Irina Tweedies Naqshbandi-Shaikh war: „Es gibt nichts als das Nichts." in *Daughter of Fire,* S. 729 (deutsche Ausgabe, S. 908)

71 Bei dem „Allāh hu"-Dhikr, der in der Türkei und in Zentralasien gemacht wird, wird „(Al)lāh" mit dem Einatem rezitiert und „hu" sehr kraftvoll mit dem Aus-atem. So kehrt die Seele mit dem Wort „Allāh" in ihre spirituelle Heimat zurück.

72 Interessanterweise beschreiben andere Sufilehren das Gegenteil, nämlich, dass uns der Einatem in die Welt der Schöpfung bringt und der Ausatem zurück zur Quelle.

„Der Rhythmus, der dem Atem unterliegt, ist der Rhythmus von Schöpfung und Auflösung, von Schönheit und Majestät. Der Einatem steht für die Schöpfung, das heißt, für die Äußere Manifestation der Göttlichen Eigenschaften, das Fließen der Tinte vom Alīf ins Bā und die anderen Buchstaben des Alphabets. Der Ausatem repräsentiert die Rückkehr der Eigenschaften zur Essenz. Das nächste Atemholen ist eine neue Schöpfung und so weiter. Der letzte Ausatem [eines Sterbenden] symbolisiert die Erkenntnis der Unveränderlichkeit, die unter den illusionären Wechselfällen der Schöpfung und der Auflösung liegt, die Erkenntnis der Wahrheit, dass Gott immer ist und außer Ihm niemand war. Er ist jetzt sogar wie Er war."

Zitiert von Martin Lings, *A Sufi Saint of the Twentieth Century,* S. 159

73 Hier eine Naqshbandi-Beschreibung des *Dhikr:* „Wir beginnen mit dem *al* auf dem Ausatem, um ‚uns von uns selbst zu leeren', und wir atmen mit dem *lāh* ein, um ‚uns mit Seiner Gegenwart zu füllen.'"

74 *The Way of the Pilgrim,* S. 30 (deutsche Ausgabe: *Aufrichtige Erzählungen eines russischen Pilgers,* S. 50

75 Zitiert von Annemarie Schimmel, *Mystical Dimensions of Islam,* S. 46 (deutsche Ausgabe S. 51f.)

4. Der Kreis der Liebe

76 Rūmī, übers. von Andrew Harvey, *Love's Fire. Renderings of Rumi,* S. 77

77 Das Klagen der Ney, der Rohrflöte, ruft den Urschmerz der Trennung wach, wie es Rūmī am Anfang vom *Mathnawī* ausdrückt:

„Hör auf die Flöte – wie sie erzählt, wie sie klagt über Trennung und spricht:

‚Seit man mich vom Röhricht schnitt, weinen Mann und Frau bei meiner Klage.

Ich suche ein Herz, von Einsamkeit gequält , dem will ich vom Schmerz der Sehnsucht erzählen.

Wer weit entfernt von seinem Ursprung ist, der sehnt sich zurück nach der Zeit der Einheit.“ Rumi, *Das Mesnevi,* S. 17

78 Annemarie Schimmel, *Mystical Dimensions of Islam,* S. 148 (deutsche Ausgabe S. 165)

79 Ebd., S. 150 (ebd. S. 167)

80 Rūmī, *Mathnawī,* zitiert von R.A. Nicholson, *Mystics of Islam,* S. 113

81 Zitiert von al-Qushayrī, *Principles of Sufism,* S. 278

82 T.S. Eliot, *Four Quartets,* „Little Gidding“, Zeile 238

83 Zitiert von al-Qushayrī, *Principles of Sufism,* S. 282

84 Zitiert von Claude Addas, *Quest for the Red Sulphur: The Life of Ibn'Arabī,* S. 61

85 Zitiert von Annemarie Schimmel, *Mystical Dimensions of Islam,* S. 165 (deutsche Ausgabe S. 182)

5. Das Herz betet

86 *The Enlightened Heart,* hrsg. von Stephen Mitchell, S. 88

87 William Chittick, *The Sufi Path of Love,* S. 241

88 Anonymer Sufi-Ausspruch

89 Nizāmī, *The Story of Layla and Majnun,* übers. von R. Gelpke, S. 195 (deutsche Ausgabe S. 287f.)

90 Die Sufis sagen, dass es drei Reisen gibt. „Die Reise von Gott fort“ (wenn wir unsere göttliche Natur vergessen und in den Attraktio-

nen der Welt versinken), „Die Reise zu Gott" (die Rückkehr, *fanā,* die Auslöschung des Egos), und „Die Reise in Gott" (*baqā,* ständiges Sein in Gott).

91 Theophan der Klausner beschreibt, dass, wenn das Beten immerwährend wird, „das spirituelle Beten sozusagen beginnt. Das ist das Geschenk des Heiligen Geistes, der für uns betet, die letzte Stufe des Betens, die vom Verstand erfasst werden kann" (*The Art of Prayer,* S. 52).

92 In der christlich-orthodoxen Tradition führt das Herzensgebet zur „Inkarnation Jesu im Herzen, d. h. das Gottgedenken mündet in der ständigen Gegenwart Christi im Herzen." Vincent Rossi, „Presence, Participation, Performance: The Remembrance of God in the Early Hesychast Fathers", in *Paths to the Heart: Sufism and the Christian East,* hrsg. von James Cutsinger, S. 107

93 Teresa of Avila, *Interior Castle,* übers. von E. Allison Peers, Seventh Mansion, Kap. 4, S. 229

94 Für den Sufi ist diese Welt der Ort der göttlichen Offenbarung; „Ich war ein verborgener Schatz und sehnte mich danach, erkannt zu werden, also erschuf ich die Welt."

6. Gebet für die Erde

95 „Gott lehrte Adam aller Dinge Namen." (*Koran* 2:31). In der Bibel heißt es: „Adam gab allem Vieh und den Vögeln des Himmels und allem Wild des Feldes Namen." (Genesis 2:20).

Adam ist Hebräisch und bedeutet „Mensch."

96 Der Koran erklärt, dass die Menschheit eine privilegierte Stellung unter Gottes Schöpfungen auf Erden einnimmt: Wir sind als Statthalter, als *„Khalifa",* eingesetzt und haben die Verantwortung, für Gottes irdische Schöpfungen Sorge zu tragen. „Dann sprach Gott zu den Engeln: Siehe, Ich will auf der Erde für Mich einen Statthalter einsetzen." (Sure 2:30)

97 C.G. Jung beschreibt die Tragödie, dass „der Mensch aufgehört hat, der Mikrokosmos zu sein und seine Anima nicht länger der wesensgleiche Funke oder *Scintilla* der *Anima Mundi,* der Weltseele ist." Collected Works, Bd. 11, S. 759

98 Für weiteres Material für die notwendige Reaktion auf die gegenwärtige ökologische Krise, siehe *www.workingwithoneness.org/spiritual-ecology*

7. Persönliches Gebet

99 „Siehst du nicht, wie alles Allāh preist, was in den Himmeln und auf Erden ist, selbst die Vögel ihre Schwingen breitend? Jedes Geschöpf kennt sein Gebet und seinen Lobgesang, und Allāh weiß, was sie tun." (*Koran* 24:41)

100 Mehr über die eigene spirituelle Reise des Autors siehe *Fragments of a Love Story: Reflections on the Life of a Mystic* (deutsche Ausgabe: *Fragmente einer Liebesgeschichte. Betrachtungen über das Leben eines Mystikers.*)

BIBLIOGRAPHIE

Addas, Claude: *Quest for the Red Sulphur: The Life of Ibn 'Arabī.* Cambridge (The Islamic Texts Society) 1994

Arraj, James: *St. John of the Cross and Dr. C.G. Jung: Christian Mysticism in the Light of Jungian Psychology,* Chiloquin, Oregon (Inner Growth Books) 1986

'Attār, Farīd ud-Dīn: *The Conference of the Birds,* übers. von C.S. Nott, London, (Routledge & Kegan Paul) 1961

- deutsche Ausgabe: *Vogelgespräche*, übers. von Marion Zerbst, Interlaken (Ansata) 1988

The Bible, Authorized Version, London 1611

- deutsche Ausgabe: *Die Bibel,* Stuttgart (Deutsche Bibelgesellschaft) 1984

Chariton of Valamo, Ingumen: *The Art of Prayer – An Orthodox Anthology,* übers. von E. Kadloubovsky und E. M. Palmer, London (Faber & Faber) 1966

Chittick, William C.: *The Sufi Path of Love,* Albany (State University of New York Press) 1983

Cutsinger, James (Hrsg.): *Paths to the Heart: Sufism and the Christian East,* Bloomington, Indiana (World Wisdom) 2002

Eliot, T.S.: *Collected Poems,* London (Faber & Faber) 1963

- deutsche Ausgabe: *Gesammelte Gedichte*, Frankfurt/Main (Suhrkamp) 1988

French, R.M. (Übersetzer): *The Way of the Pilgrim,* New York (Harper Collins) 1965

- deutsche Ausgaben: *Der Weg eines Pilgers*, übers. aus dem Amerikanischen von Jürgen Dünnebier, München (Droemer/Knaur) 1994; *Aufrichtige Erzählungen eines russischen Pilgers* - Die vollständige Ausgabe, hrsg. von Emmanuel Jungclaussen, Freiburg (Herder) 1974

Guyon, Jeanne: *The Song of the Bride,* Auburn, Maine (The Seed Sowers) 1990

Harvey, Andrew: *Light Upon Light,* Berkeley (North Atlantic Books) 1996

Happold, F.C.: *Mysticism – A Study and an Anthology,* Harmondsworth (Penguin Books) 1990

Hopkins, Gerard Manley: *The Poems and Prose of Gerard Manley Hopkins,* Harmondsworth (Penguin Books) 1953

- deutsche Ausgabe: *Geliebtes Kind der Sprache*, übertragen und kommentiert von Dorothea Grünzweig, Hörby, Schweden (Edition Rugerup) 2009

Housden, Roger: *For Lovers of God Everywhere: Poems of the Christian Mystics,* Carlsbad, California (Hay House) 2009

Jīlānī, 'Abd al-Qādir al-: *The Secret of Secrets,* übers. von Shaykh Tosun Bayrak, Cambridge (The Islamic Texts Society) 1992

Jung, C.G.: *Collected Works,* London (Routledge and Kegan Paul)

- deutsche Ausgabe: *Gesammelte Werke 1 – 20*, Ostfildern (Patmos) 2011

Lings: Martin: *A Sufi Saint of the Twentieth Century: Shaikh Achmad al-'Alawī*, Cambridge (Islamic Texts Society) 1993

- deutsche Ausgabe: *Ein Sufi-Heiliger des zwanzigsten Jahrhunderts*, Lympia, Lefkosia (Spohr Verlag) 2005

Mitchell, Stephen (Hrsg.): *The Enlightened Heart: An Anthology of Sacred Poetry,* New York (Harper & Row) 1989

Montaldo, Jonathan (Hrsg.): *Merton & Hesychasm,* Louisville, Kentucky (Fons Vitae) 2003

Nicholson, R.A.: *Studies in Islamic Mysticism,* Cambridge (Cambridge University Press) 1921

Nizāmī, *The Story of Layla and Majnun,* übers. von R. Gelpke, London (Bruno Cassirer) 1966

- deutsche Ausgabe: Leila und Madschnun, übers. von R. Gelpke, Zürich (Manesse) 1963

Nurbakhsh, Javad: *Sufi Symbolism – Volume II,* London (Khaniqahi-Nimatullahi Publications) 1987

Qur'an, übers. von Muhammad Asad, Bristol (Book Foundation) 2003

- deutsche Ausgabe: *Der Koran,* übers. von Max Henning, Einleitung und Anmerkungen von Annemarie Schimmel, Stuttgart (Philipp Reclam jun.) 1991

Rūmī: *Love's Fire: Recreations of Rūmī,* New York (Meeramma Publications) 1989

Rumi, Dschalaluddin: *Das Mesnevi,* Bern, München, Wien (O.W. Barth) 1997

Schimmel, Annemarie: *Mystical Dimensions of Islam,* Chapel Hill (University of North Carolina Press) 1975;

- deutsche Ausgabe: *Mystische Dimensionen des Islam. Die Geschichte des Sufismus,* Aalen (Qalandar Verlag) 1979

Schimmel, Annemarie: *I Am Wind, You Are Fire: The Life and Work of Rumi,* Boston (Shambala Publications) 1992

- deutsche Ausgabe: *Rumi. Ich bin Wind und du bist Feuer. Leben und Werk des großen Mystikers,* Köln, Düsseldorf (Diederichs) 1978

Teresa of Avila: *Interior Castle,* übers. von E. Allison Peers, New York (Doubleday) 1961

Teresa of Avila: *The Interior Castle,* übers. von Mirabai Starr, New York (Riverhead Books) 2003

- deutsche Ausgaben: Teresa von Avila: *Die innere Burg,* hrsg. und übers. von Fritz Vogelgsang, Zürich (Diogenes) 1979; *Wohnungen der Inneren Burg,* vollständige Neuübertragung, hrsg., übers. und eingeleitet von Ulrich Dobhan OCD und Elisabeth Peeters, Freiburg (Herder) 2005

Teresa of Avila: *The Autobiography of St. Teresa of Avila: The Life of St. Teresa of Jesus,* übers. von David Lewis, Charlotte, North Carolina (Tan Books) 2009

Teresa of Avila: *The Book of My Life,* übers. von Mirabai Starr, Boston (Shambala Publications) 2008

- deutsche Ausgaben: *Das Leben der heiligen Theresia von Jesu,* übers. von P. Aloysius Alkofer, München (Kösel) 2009; Teresa von Avila: *Das Buch meines Lebens,* vollständige Neuübertragung, hrsg., übers. und eingeleitet von Ulrich Dobhan OCD und Elisabeth Peeters, Freiburg (Herder) 2001

Tweedie, Irina: *The Daughter of Fire. A Diary of a Spiritual Training with a Sufi Master,* Point Reyes, California (The Golden Sufi Center) 1986;

- deutsche Ausgabe: *Der Weg durchs Feuer. Tagebuch einer spirituellen Schulung durch einen Sufi-Meister,* übers. von Sabine Reinhardt, Interlaken (Ansata) 1988

Underhill, Evelyn: *Mysticism,* New York (New American Library) 1974

Vaughan-Lee, Llewellyn: *The Bond with the Beloved,* Inverness, California (The Golden Sufi Center) 1993;

- deutsche Ausgabe: *Der Liebesbund. Psychologische und spirituelle Aspekte des mystischen Weges,* übers. von Ulli Olvedi, Interlaken (Ansata) 1993

Vaughan-Lee, Llewellyn: *Fragments of a Love Story – Reflections on the Life of a Mystic,* Point Reyes, California (The Golden Sufi Center) 2011;

- deutsche Ausgabe: *Fragmente einer Liebesgeschichte. Betrachtungen über das Leben eines Mystikers,* übers. von Sabine Reinhardt-Jost, Bern (Oneness Center Publishing) 2012

Vaughan-Lee, Llewellyn (Hrsg.): *Travelling the Path of Love – Sayings of Sufi Masters,* Inverness, California (The Golden Sufi Center) 1995;

- deutsche Ausgabe: *Die Karawane der Derwische – Die Lehren der großen Sufi-Meister,* übers. von Franziska Espinoza, Frankfurt (Fischer Taschenbuch) 1997

DANKSAGUNG

Für die Abdruckerlaubnis von urheberrechtlich geschützten Texten dankt der Autor der University of North Carolina Press *(www.uncpress.unc.edu)* für Auszüge aus Annemarie Schimmel: *Mystical Dimensions of Islam,* 1975 und Fons Vitae Publishing *(www.fonsvitae.com)* für Zitate aus Jonathan Montaldo (Hrsg): *Merton & Hesychasm,* Louisville, Kentucky 2003.

ÜBER DEN AUTOR

LLEWELLYN VAUGHAN-LEE, Dr. phil. ist ein Sufi-Lehrer des Naqshbandiyya-Mujaddidiyya-Sufi-Ordens. Er wurde 1953 in London geboren und folgt dem Naqshbandi-Sufi-Pfad seit seinem 19. Lebensjahr. 1991 wurde er der Nachfolger von Irina Tweedie, der Autorin von *Der Weg durchs Feuer: Tagebuch einer spirituellen Schulung durch einen Sufi-Meister.* Im selben Jahr zog er nach Nordkalifornien und gründete The Golden Sufi Center *(www.goldensufi.org).* Er hat zahlreiche Bücher verfasst und sich auf dem Gebiet der Traumarbeit spezialisiert, wobei er die alte Sufi-Methode der Traumdeutung mit den Erkenntnissen der Psychologie C.G. Jungs verbindet. Seit dem Jahr 2000 liegt der Schwerpunkt seines Schreibens und Lehrens auf der spirituellen Verantwortung in unserer gegenwärtigen Zeit des Übergangs und dem erwachenden globalen Bewusstsein der Einheit. Kürzlich hat er über das Weibliche und die Anima Mundi (Weltseele) und über spirituelle Ökologie geschrieben *(www.workingwithoneness.org).* Auf Deutsch erschienen zuletzt: *Die Matrix des Lebens. Das heilige Weibliche und die Wandlung der Welt,* Arbor Verlag 2011 und *Fragmente einer Liebesgeschichte. Betrachtungen über das Leben eines Mystikers,* Oneness Center Publishing 2012.

Zu „Prayer of the Heart“ gibt es auch eine Facebook-Seite: *www.facebook.com/PrayerOfTheHeart*

LITERATUR AUS DEM ARBOR VERLAG

Llewellyn Vaughan-Lee

Die Matrix des Lebens

Das heilige Weibliche und die Wandlung der Welt

Wenn wir dem Leben dienen wollen – und damit unserem geliebten, verletzten Planeten und der ganzen Schöpfung –, bedarf es der Rückkehr des Weiblichen. Llewellyn Vaughan-Lee erläutert unsere Rolle in diesem Prozess, zeigt, wie wir das Männliche und das Weibliche in eine größere Harmonie bringen und die in Wahrheit nicht vorhandene Kluft zwischen Geist und Materie überbrücken können.

Wir haben lange in einer Welt gelebt, die von der Rolle des männlichen Bewusstseins beherrscht wurde – schneidend, linear, auf Erwerb gegründet. Das göttliche Weibliche ist demgegenüber dieser wahre Ozean einer „transformierenden Kraft", die uns ermächtigt, unsere heute so sehr verwundete und entwürdigte Welt zu heilen und zu transformieren.

Die Matrix des Lebens ist eine Einladung, eine offene Türe zu einer neuen Seinsweise, in wahrer Verbundenheit mit der Einheit allen Lebens. Ein Buch, das so viel von dem berührt, was wir intuitiv wissen, doch kaum je so treffend und klar zu sagen vermögen. Ein strahlendes, weises, inspirierendes und großzügiges Leuchtfeuer für all jene, die die globale Transformation, die im Augenblick stattfindet, verstehen und konstruktiv begleiten wollen.

ISBN 978-3-86781-024-1

Thomas Merton

Sich für die Welt entscheiden

Über Kontemplation

Ist es möglich, sich für die Welt zu entscheiden – inmitten des Lärms und der Wirrungen des täglichen Lebens? Wie können wir in diesen Zeiten großer Unsicherheit und Angst Gott finden?

Thomas Mertons Betrachtungen sind von der Dringlichkeit dieser Fragen ganz und gar durchdrungen. Messerscharfe Aufrichtigkeit kennzeichnet seine Worte, im Gleichgewicht gehalten von der großen Weite seines Herzens. Mertons strahlende Weisheit ist wie ein Leuchtfeuer für uns, die wir wahre Bedeutung und Trost für ein Leben in der heutigen Welt suchen.

Kontemplation, so seine Botschaft, ist für einen jeden von uns möglich, jetzt und hier, in unserem alltäglichen Leben: „Dann beginnt die Weisheit in der tiefen Stille ihr nicht endendes, sonniges, unbeschreibliches Lied zu singen: das geheime Lied, das allein zu der einsamen Seele spricht. Es ist sein und ihr ganz eigenes Lied – das einzigartige, unersetzliche Lied, das jede Seele zusammen mit dem unbekannten GEIST für sich selbst singt."

ISBN 978-3-936855-83-8

Arbor Verlagsprogramm

Umfangreiche Informationen zu unseren Themen, ausführliche Leseproben aller unserer Bücher, einen versandkostenfreien Bestellservice und unseren kostenlosen Newsletter. All das und mehr finden Sie auf unserer Website.

www.arbor-verlag.de

Mehr von Llewellin Vaughan-Lee

www.arbor-verlag.de/vaughan-lee

Arbor Seminare

Die gemeinnützige *Arbor-Seminare gGmbH* organisiert regelmäßig Seminare und Weiterbildungen mit führenden VertreterInnen achtsamkeitsbasierter Verfahren. Zudem informiert sie über aktuelle Entwicklungen in diesem Bereich und trägt Achtsamkeit auf diese Weise nachhaltig in die Gesellschaft. Nähere Informationen finden Sie unter:

www.arbor-seminare.de

Arbor Online-Center

Mit dieser Plattform hat Arbor einen virtuellen Ort der Inspiration und des Lernens rund um das Thema Achtsamkeit geschaffen. Lernen Sie die AutorInnen unserer Bücher und die ReferentInnen unserer Veranstaltungen kennen: in Interviews, Vorträgen, Meditationsübungen, Webinaren, Podcasts sowie Online-Kursen und zahlreichen weiteren Ressourcen.

www.arbor-online-center.de